矢島本部長のなるほどトーク

花の三丁目地区

創価学会男子部教学室［編］
まっと ふくしま［画］

第三文明社

まえがき

本書は、『創価新報』に連載された対話篇「矢島本部長 and ハニーの花の三丁目地区なるほどトーク」のうち、三十回までをまとめたものである。

この対話篇は、同紙に連載中のコミック「花の三丁目地区」の登場人物のうち、矢島本部長と葉庭《はにわ》地区リーダーの対話の形式を借りて構成している。日常の学会活動や友人との対話の場面で重要なポイントとなるさまざまなテーマを、日蓮大聖人の御書、池田名誉会長のスピーチなどを根本に、わかりやすく解説するよう工夫した。

仏法では、多くの経典が釈尊と弟子の対話の形式をとっているのをはじめ、日蓮大聖人もまた「立正安国論」など重書を問答形式で著されている。創価学会も草創以来、一対一の対話をなによりも重視してきたし、池田名誉会長は半世紀にわたり「対話」を武器として世界に人類史を画する壮大な平和と人道のネットワークを築き上げてきた。

仏法は一貫して、一方的な価値観の押しつけを避け、互いの人格を交流し合う率直な対話のなかから、思索を深め、新たな精神を発掘し、行動への勇気をうながそうとしてきた。

本書もまた、登場人物たちの対話に読者が自身の思索と理解を重ねていけるよう、対話という形式を採用している。個人の研鑽《けんさん》はもとより、人物を分担して朗読するなど各種会合でも活用していただければ幸いである。また、新入会メンバーや友人から質問が寄せられることの多いテーマも採り上げているので、学会理解の一助に資《し》すればとも思う。

なお、第三文明社からは既刊の対話篇シリーズとして『矢島部長の正義の対話』『ヤン男・金城くんの情熱対話』がある。単行本化にあたっては、新聞掲載の内容を一部書き改めた。文中に「御書」として引用されているのは『日蓮大聖人御書全集』（創価学会版）である。

二〇〇七年九月八日

創価学会男子部教学室

花の三丁目地区　矢島本部長のなるほどトーク◉目次

まえがき

ブックデザイン――奥定泰之

花の三丁目地区

矢島本部長のなるほどトーク

1 学会の真実を語り抜こう

広布の活動のなかに生命の充実がある
今こそ世界を舞台に師匠の正義を宣揚しよう

葉庭　最近、ヤング男子部やその友人たちと話していると、若い世代の多くが哲学や宗教に対して関心をもっているように感じます。事実、そうした方のなかから学会に入会する人も増えてきていますね。

矢島　頼もしいことだね。何のために自分は生きているのか。どう生きることが本当に幸福といえるのか。青年ならば、真剣に考えて当然です。

葉庭　反面、社会の大きなうねりからこぼれ落ちている自分にハッと気付き、これからどう生きていけばよいのかわからなくなっている人も少なからずいます。また、とりあえず当面の金が稼げればそれでいいというような風潮も広がっていますね。

矢島　〝何のため〟という人生の目的観の大切さを教えてこなかった日本の教育の在り方にも、その一因があるのではないだろうか。

人のために尽くす喜び

葉庭　新入会のメンバーが異口同音《いくどうおん》に語っていることは、学会のなかで「人のために尽くす」「社会に貢献する」という生き方に出合えた喜びです。

矢島　「人間は、どのような時に、生命の充実感を覚えるのか」――池田先生はスピーチのなかでアメリカのセリグマン博士の研究を紹介してくださったね。博士は全米心理学会の会長も務めた高名な心理学者です。

葉庭　あ、そのスピーチは切り抜いてあります。博士は三つの答えを挙げられていますね。

第一は「快楽的な生き方」。第二は「他者とのかかわりのなかで、自《みずか》らのよき人格を発揮していくこと」。第三は「自分を超えた大いなる価値や目的のために自らの力を用い、貢献していくこと」というものでした。

矢島　博士は、第一の生き方よりも、第二、第三の生き方こそが深い充実をもたらすことを語っている。同志のため、悩める友のために動き、よりよき社会建設のために戦う創価学会のなかで、多くの青年が今までに味わったことのない喜びを発見していくのは当然だね。

葉庭　最初は自分の悩みを乗り越えたくて信仰を始めたという人でも、気がつけば他者のために貢献できる自分になりたいと願えるようになっているから不思議です。何よりこの僕がそうでした。それはきっと、学会のなかでたくさんの同志に励ましていただいたという財産があるからでしょうね。

矢島　日蓮大聖人は「当世は世みだれて民の力よわし」（御書1595ページ）と仰せだ。日本は世界のなかでも豊かで教育水準も高い。なのに、多くの人が〝自分一人が頑張っても何も変わらない〟という無力感を抱えている。

葉庭　有名大学を出たような人々にも、その無力感は共通しているようですね。

矢島　それはひとつには、一人の青年が必死になればこれだけの偉業を成し得るという模範に出合っていないからだと思う。創価学会には、立ち上がった青年たちの模範の姿が無数にあります。そして何よりも、池田先生という偉大な師匠がいる。

青年たちの模範の姿

葉庭　十九歳で戸田先生と出会い、信仰を始めた一人の青年が、恩師の構想を実現しようと同志とともに死身弘法の戦いを起こし、世界一九〇カ国・地域に広がる創価学会を構築したのですからね。先生の人生を学び、先生が成し遂げてこられた偉業を知れば知るほど、かつて歴史上でこれほど多くのことを達成した人物がいただろうかと驚きを禁じ得ません。

矢島　先生と会見した世界の多くの識者も、そう言っている。

葉庭　かつてロベルト・バッジョ選手はインタビューに答えて、「先生は世界の平和のみならず、日本にとっても本当に戦っていらっしゃる。日本とロシア、中国、韓国への信頼の扉は先生が開かれた。大変に勇気ある人だという一点でも、日本人は先生を尊敬すべきだ」と語っていました。

矢島　世界のスーパースターであるバッジョ選手は「先生が世界でどれほど評価されているか、日本人は知らない」とも語っていたね。それは、日本のジャーナリズムの認識不足ということだけでなく、私たち弟子の責任でもあると思う。

葉庭　〝マスコミが無認識だ〟と言って済ませていてはいけないですね。

弟子の戦いで仏の軍勢を拡大

矢島　誰が何と言おうと、自分は池田先生の弟子だと決めることです。「師の正義を宣《せん》揚《よう》したい」と真剣に祈り抜くことです。そのために力ある人間になってみせようと、祈り行動するのです。

徹しきった人間ほど強いものはない。そういう姿は、必ず周囲にも感動と共感を大きく与えていく。

葉庭　僕も新しい決意で戦いを起こします。先生の弟子として、学会を守り、仏の軍勢を拡大していきます。正しい哲学は学会にしかないということを同世代の友人に堂々と語りきっていきます！

2 仏とは現実のなかで戦う人

九界の姿のままで仏の生命を涌現できる
苦難に遭ったときこそ信心を奮い起こして戦おう

葉庭　矢島さん。仏法について初歩的というか、基本的な質問をしていいですか？

矢島　ハハハ。何でも聞いてよ。どんなことでも、基本が大事だ。案外、そういうところに「じつは、よくわかっていない」という落とし穴があったりするもんだ。で、何だい？

葉庭　十界論《じっかいろん》についてです。地獄界《じごくかい》、餓鬼界《がきかい》、畜生界《ちくしょうかい》、修羅界《しゅらかい》、人界《にんかい》、天界《てんかい》、声聞界《しょうもんかい》、縁覚界《えんかくかい》、菩薩界《ぼさつかい》、仏界《ぶっかい》とあります。これは、一個の生命が瞬間瞬間に現す境地を、十種類に分けたものですよね。

矢島　そうだ。「観心本尊抄」にも、「瞋《いか》るは地獄」「貪《むさぼ》るは餓鬼」「癡《おろか》は畜生」「諂曲《てんごく》なるは修羅」「喜ぶは天」「平《たいら》かなるは人」「世間の無常は眼前に有り」「無顧の悪人も猶妻子を慈愛す」（御書２４１ページ）など、それぞれの境地について端的に示されているね。

葉庭　このうち、地獄界から菩薩界までの九界《きゅうかい》は、それなりに実感できます。どうしようもなく苦悩しているときは「地獄界だな」と感じるし、思いがけずお金を手に入れて喜んでいるときは天界の境涯《きょうがい》かもしれません。じつは僕の疑問は、その仏界の涌現《ゆげん》と日常生活って、どうかかわり合うのかがわかんなくなっちゃったんです。

身命を惜しまず戦う心が「仏」

矢島 まず忘れてならないのは、私たち衆生の生命に仏界が厳然と具《そな》わっているということです。これがなかなか信じられないからこそ、「難信難解《なんしんなんげ》」の仏法なのです。しかし、御本尊に唱題し、広布に戦っていけば、宇宙大の尊極な生命を自《みずか》らの生命に現すことができる。

葉庭 なるほど。確かに、御本尊に向かって唱題しているときは、みるみる勇気がわいて、決意と希望が込み上げてきます。それは、まさしく仏界だと思います。でも、現実の生活は、すぐには変わりませんよね。日々の生活は悪戦苦闘の連続ですが……。これが僕の質問なんですけど。

矢島 私たちは、唱題をしていくなかに仏界を涌現することができる。そのうえで、

「十界互具《じっかいごぐ》」という考え方が大事になる。池田先生はトインビー博士との対談のなかで、〝仏界は九界の姿のなかに現れてくる〟と語られている。

葉庭　ええっ？

矢島　つまり、九界の現実を離れたところに仏界を想定しても仕方がない、ということです。

葉庭　言われてみると、そうですね。成仏といっても、死んでから特別な状態になるということじゃなく、仏の生命を開くということだと教わりました。

矢島　その仏の生命が発揮されるのは、私たちの日常生活の場であるということです。妙法を信じ、強盛に題目を唱え、他者の幸福のために身命を惜しまず戦う。仏の生命を涌現して戦う師匠と不二の心で、広宣流布に「戦う心」こそ「仏の生命」です。どこまでも、この九界の現実の生命の上に、その「戦う心」を現すことが大事なんじゃないだろうか。

葉庭　なるほど。現実の人生はどこまでも九界のなかにしかありませんからね。

矢島　たとえば、歯を食いしばる思いで苦難と向かい合っているときは苦しい。「地獄界」

かもしれない。しかし、そのなかで強盛の信心を奮い起こして、断じて勝とうと立ち上がるのが仏弟子《ぶつでし》です。その人は、もうその瞬間に勝利しているのです。置かれている状況は「地獄界」であったとしても、悠然と「仏」の力用《りきゆう》を出していけるのです。

十界互具を説く法華経

葉庭　大聖人は、あの極寒《ごっかん》の佐渡で、寒さと飢え、そして念仏者が亡き者にしようと機会をうかがう危機のなかにあって、末法万年の衆生を断じて幸福にしてみせると猛然と戦っておられたのですね。

矢島　爾前経《にぜんきょう》では、「厭離断九《えんりだんく》」といって、九界の煩悩を断じてはじめて仏界に到達することができると説く。しかし、そんなのは観念だ。九界がなくなってしまったら、いわば、人間を離れた特別な「神様」のような存在になってしまう。もちろん、だからといって、迷いの九界のままでいい、ということでは決してない。九界の姿のままで仏界の大生命力を開いていけるというのが、法華経の思想なのです。

葉庭　衆生が九界の生命の上に仏界を現すことができる。すごい法理なんですね！

矢島　これを「十界互具」というのです。

葉庭　なるほど。なんだかとても新鮮ですね。

矢島　**いつか幸福になれるのではない。今、この現実の真っただ中で、勝利していく。それが十界互具論です。仮に地獄の苦悩のなかにあっても、心に仏界の太陽が昇ればいいのです。**

行き詰まりこそ成長のチャンス

葉庭　現実のなかで、苦悩を抱えたまま猛然と信心を奮い起こして立ち上がることを教えた信心なんですね。そう考えれば、大聖人が門下を励まされた御指導は、ことごとくと言っていいくらい、この一点を教えられていますね。

矢島　だから、行き詰まりに直面したからといって、「信心しているのに、おかしい……」などと疑ったり、落ち込んだりするなんて愚《おろ》かです。その苦難のなかに胸中の偉大な力を発揮していくのです。妙法は宇宙を動かす力です。大宇宙を味方にして、新しい自分を切り開くのです。

葉庭　消極的に、苦しみを避けるよう願うのではなく、眼前の苦難と戦うことで、苦難に遭う前よりも、もっと偉大な自分を築いていけるのですね。

矢島　そうだね。また、そう決めて戦うべきなのです。

法華経の行者は、難に遭《あ》い、難と戦うことによって仏になっていく。行き詰まりこそ、かつてない新しい自分に成長するチャンスなのです！

3 「言論のテロ」を許すな!

近よると
キケン
へ〜
よく分からんがコワイんだな
キケン
お〜美しいけどコワイんだろっ
サクラの木って全部コワイんだよ…きっと…
ガちっ
キケン
皆さんこれがデマによるレッテル張りです
事実をゆがめて信じ込ませるのは悪いじゃっ

学会を中傷するデマは裁判で断罪
悪を放置する精神風土を正義の対話で変えよう

葉庭　矢島さん。やっぱり友人とはじっくりと話し込まないといけませんね。

矢島　おっ、どうした葉庭君。何かあらためて感じることでもあったのかい？

葉庭　先日、友人と対話したんですが、彼は今まで宗教に興味もないようだったし、学会については「よく知らない」って言ってたんです。ところが、ふとしたことで週刊誌の話題になったときに、「学会もずいぶんいろいろ書かれてきたもんね」って言ったんですよ。

矢島　つまり、その彼は週刊誌に載っている学会批判を、じつはちゃんと知っていたということだね。

葉庭　そうなんです。たしかに学会のことを学会員からきちんと聞いたことはなかった。けれども一部週刊誌で中傷されていることについては、よく認識していたんです。

矢島　そうした週刊誌を実際に読んでいなくても、新聞や電車の中づり広告などは、何千万人という人が目にしているものです。人々の購買欲をそそるために、何か大変な問題が起きているかのような過激なタイトルを付けることも多い。

葉庭　彼の場合も、繰り返し目にする週刊誌広告から、「学会はしょっちゅうマスコミに叩《たた》かれている団体だなあ」と感じていたようです。

過激な広告が与える悪印象

矢島　ある意味で、これが週刊誌の引き起こす一番の「報道被害」なんです。たとえば記事の内容は支離滅裂《しりめつれつ》だったり、単なる邪推《じゃすい》だったりして説得力のないものでも、タイトルは大袈裟《おおげさ》に断定的に書く。広告だけ見ていると、学会がとんでもないことをしているような印象を受ける。

葉庭　そうやって興味をあおり、〝買って読んでみよう〟と思わせる狙いがあるのですね。しかも、週刊誌そのものの発行部数と比較にならないほど多くの人が、広告を見ているわけです。

矢島　かつて『週刊新潮』が、交通事故の被害者である学会員を、あたかも殺人者であるかのように決めつけたタイトルで報道したことがあった。裁判所は、多くの人が広告からデマを信じてしまうことを指摘し、記事だけでなく広告も含めて『週刊新潮』の名誉毀損《きそん》を認めました。このデマ報道では最高裁でも新潮社が完全敗訴して損害賠償の支払いを命じられています。

葉庭　でも僕がくわしく説明する前に、彼のほうから、「まあ週刊誌なんて、あれこれ批判を書くもんさ。でも、別に俺は気にしてないよ」と言ってくれました。

矢島　うん？　それで、君は黙って帰ってきたのかい？

葉庭　はあ……。まあ「別に気にしてない」って言ってたので……。

人権侵害のレッテル張り

矢島　いいかい、葉庭君。まず第一に、彼ら週刊誌のやってきたことは「批判」なんかではない。要するに根も葉もない悪質なデマによる中傷です。

葉庭　たしかに、学会員である自分からすれば、はっきりウソとわかる話ばかりです。

矢島　まともな「批判」ならば、それはジャーナリズムの大事な使命ともいえる。

しかし批判に見せかけて、学会を人権侵害の作り話やデマで陥《おとしい》れ、レッテル張りをする。そうまでして国民に学会への悪印象を作り出させるような報道は、もはや「言論のテロ」です。

葉庭　絶対に許されるものではないですね。

矢島　裁判においても、法廷で審理を尽くしたうえで、学会は完全勝利しています。

民衆を強く賢明に

矢島　第二に、その友人は「自分は気にしてないから」と言ってきた。たぶん、なにげなく言った言葉でしょう。しかし、厳しく言えば、悪いのはデマを書き立てる三流メディアばかりではないのです。そういうデマ報道に対して「気にしない」で過ごす精神風土にも問題があるのです。

葉庭　あっ！　本当にそのとおりです。

矢島　自分たちの社会のなかで、仮にも名のある出版社がデマをまき散らしているのです。〝大いに気にしなければならない〟はずです。悪を放置してはならないのです。たとえば犯罪を見て放置するなら、放置した側も罪に問われます。

葉庭　くだらないデマばかり垂《た》れ流すなと抗議するなり、周囲にデマ報道の真実を語るなり、悪に対して怒りをもって立ち上がる方法は、いくらでもあるはずですね。

矢島　そうです。

「悪を斬《き》る」とは、徹底して、何が悪なのかを白日のもとにさらさなければいけないのです。

あいまいな、弁解のような言い方では、悪を斬れない。友人たちも目を覚ませません。

葉庭　対話の相手が、批判めいたことを言ってこなかったからと、のほほんと構えていてはダメですね。大反省です。

矢島　デマを書き立てる連中は、民衆を見下して、世の中をなめてかかっているのです。

その腐りきった実態に対し、人々の目を覚まさせていかなければならない。

葉庭　あの文豪・魯迅《ろじん》のように、正義の言論戦で民衆に語り続け、民衆を強く賢明にしていくのが、創価の青年の使命ですね。もう一度、その友人のところに行って、明確に悪を斬ってきます！

4 対話に挑戦しよう

相手に無関心のまま語っても心に届かないのです
自分の主張だけ熱心に語ってはイカン!
ちゃんと聞いてるかいっ
コクッコクッ
相手を知ることが大事なのだっ
うわの空だぞっ君!
じゃっ
バタンッ
完全にのびきった3分間ラーメン

教育・文化交流で世界へ友情の橋を築く
学会の正義と真実を誠実に語っていこう

葉庭　先日、友人に学会のことを話す機会がありました。彼は、池田先生が世界の識者と一六〇〇回を超す語らいを重ねてこられたことに驚いていました。

矢島　本当にすごいことなのです。対談の相手には、一国の指導者や世界的な学者、現代史に名前を刻んでいる文化人なども数多くいます。しかも、大半は異なる宗教を信じ、異なる文明を背景にした人です。そうした人たちと心の琴線《きんせん》を通わせ合い、共感し合えるものを生み出してきたのが、先生の対話なのです。

葉庭　友人は、先生が教科書に名前が出てくるような大国の指導者とも友情を結ばれる一方、日本人にとってなじみの薄い国の指導者たちとも誠実に交流を深めてこられた事実に感動していました。

矢島　先生のまなざしは常に、そこに生きる「民衆」に注がれ、未来をどう切り開くかに向いています。政治的に不安定だった国々とも、教育交流、文化交流で友情の橋を築いてこられました。

葉庭　政治や経済の次元では、どうしても利害が中心になり、永続的な交流は難しいと思います。お互いを真に理解し合い、時代の波に翻弄《ほんろう》されない民衆と民衆の絆《きずな》を結ぶためにも、教育・文化の懸け橋が不可欠だったのですね。

困難な状況下の国へも

矢島　先生はまた、その国が困難な状況にある時にも勇敢に行動されました。一九七〇年代、中国がソ連（当時）と対立していた時期に、ソ連、中国、アメリカの首脳と相次いで対話し、緊張緩和《かんわ》に重要な役割を果たされました。九〇年代、キューバが国際社会から孤立しそうになった時にも、先生はアメリカを経由してキューバに行き、カストロ議長と長時間の会見をされている。

葉庭　コロンビアで爆弾テロが相次いでいた最中にも、先生は毅然《きぜん》と訪問されましたね。訪問の直前にもテロがあり、コロンビアの大統領府は〝先生が本当に来てくださるのか〟と問い合わせてきました。先生は「私は、最も勇敢なるコロンビア国民の一人として行動してまいります」と述べて、約束を果たされました。

矢島　かつては妙法流布など想像もできなかったような国々にも、今やSGI（創価学会インタナショナル）の同志が次々に誕生しています。御書に「礼楽《れいがく》前《さ》きに馳《は》せて真道後に啓《ひ》らく」（187ページ）とあります。文化・教育の対話の橋から、今や仏法が広がっているのです。

共感し合うことが大切

葉庭　先生は一人の青年を励まされる時も、一国との友情を開かれる時も、変わらない誠実さで対話をされています。次元は違っても、僕たちの対話もまた師匠を大いに見習っていくべきですね。

矢島　そのとおりです。先生はまず、相手を知るということを大切にされている。対談集を読んでも、相手の出身地や家族のことを深く知ろうとされています。たとえば恋愛をすれば、人は相手のことを深く知りたくなるものでしょう。相手のことに無関心なまま、自分の主張だけを熱心に語っても、人の心には届かないものです。

葉庭　だれだって、自分がそんなふうにされたらイヤですもんね。

矢島　先生は、相手を否定するのではなく、常に相手のいいところを見つけていこうとされている。政治、民族、地位、信条の差異を超えて、一人の人間として相手を称《たた》え、励まし、未来への勇気と希望を送ろうとされている。

葉庭　相手の方も、皆、本当に感動されています。ほかの宗教を信仰していながら、「私は池田先生の弟子です」と語る識者もいますね。

矢島　どう生きていくことが正しいのか。どのような社会をつくっていくことが大切なのか。

誠実な対話を通して相手と共感し合えることが大事なのです。決して自分の理想を押しつけるのではない。互いが目指すべき理想を共有し合えれば、相手も

また同じ責任感で立ち上がっていくものです。

葉庭　これは、部員さんに対しても、友人に対しても、共通する大事な方程式ですね。

「声仏事を為す」

矢島　御書には「鏡に向って礼拝《らいはい》を成す時浮べる影又我《かげまたわれ》を礼拝するなり」（769ページ）とあります。こちらが誠実に礼を尽くせば、相手も誠実で応じてくれる。口先だけで、相手をうまく動かそうなどと考えることは大間違いです。

葉庭　最上の正義である仏法を語るのだからこそ、正々堂々と、誠実に振る舞いたいですね。

矢島　また、先生は若い時から「率直に語る」ということを大切にされてきたそうです。相手に対し真心を尽くされながらも、自分の立場や信念は率直に伝える。言うべきことは言う。誤解があれば、ていねいに説明する。率直に語るということは、相手への信頼と敬意がなければできないことです。

葉庭　一方的に言いたいことだけを言うのもダメですが、何を言いたいのかわからないような青年であってもいけないということですね。

矢島　そうです。なかには人と語ることが苦手という人もいるでしょう。しかし、「声仏事《こえぶつじ》を為《な》す」（御書７０８ページ）です。対話すること自体が「仏事」なのです。大誠実で語れる人間になれるよう、真剣に祈り、誠実に相手と向き合っていくことです。実践していけば、必ず自分らしく対話ができるようになります。

葉庭　一切の根本は御本尊への強盛な祈りなのですね。新たな決意で、唱題根本に対話に挑戦していきます！

5

「攻撃精神」で邪悪を責めよ！

医者は患者の苦しみをとるものでしょっ
ハァーハァー
うむ
ナゼこんな痛いことするのだっ
ばしっ
あっ
平和のための宗教なのにどうして「攻撃精神」が大事なんだ
ハァ〜ゼェ〜
ハァ〜ゼェ〜
注射はイヤだ〜 ナゼ病院に連れていくんだっ
ほっとけば大変なことになるからです

幸福を阻《はば》む「悪」を放置してはならない
「正義」なるが故に青年の熱と力で完全勝利しよう

葉庭　勝利のためには「攻撃精神」が大事だと聞きました。

矢島　戸田先生が若き池田先生に教えてくださった勝利の要諦《ようてい》です。仏法の正邪を決していくには、猛然たる生命力で、徹底的に相手の悪の本性を責めていくことが重要なのです。

葉庭　じつは、新入会のメンバーから尋ねられたんです。〝仏法は平和のための宗教なのに、どうして「攻撃精神」が大事なのか〟って。

矢島　大切なことだから明快にしておこう。あらためて言うまでもないことですが、

仏法は生命尊厳の宗教であり、対話の宗教です。

「攻撃精神」といっても、どこまでも言論戦で、万人

を苦しめる悪を責めていく、ということです。正義の仮面をかぶって、人々を誑《たぶら》かす悪人の正体を、人々に気づかせていくのです。

葉庭　人間の幸福を目指し、平和を築く宗教だからこそ、民衆の敵となる悪を絶対に放置してはならないということですね。

立正安国の言論戦を

矢島　「彼が為《ため》に悪を除《のぞ》くは即《すなわ》ち是《こ》れ彼が親《おや》なり」という経文の一節を、日蓮大聖人は御書のなかで繰り返し繰り返し引用されている。人間を幸福にする、社会を平和にするということは、具体的には幸福や平和を阻む「悪」と戦うということなのです。たとえば人の生命を預かるお医者さんも、不衛生な環境を放置していたり、体内で悪さをしている細菌やウイルスをやっつけなければ、人々の生命を守ることはできない。生命を守ろうとするからこそ、生命を蝕《むしば》むものと真剣に戦うのです。

葉庭　立正安国の言論の上でも、何が「悪」なのかを鋭く見抜き、責めていくことが大事ですね。

矢島　大聖人も「願くは我が弟子等は師子王の子となりて群狐《ぐんこ》に笑わるる事なかれ、過去遠遠劫《おんのんごう》より已来《このかた》日蓮がごとく身命をすてて強敵《ごうてき》の科《とが》を顕《あらわ》せ」（御書１５８９ページ）と仰せです。ずる賢い根性で人々を誑《たぶら》かすような連中に対しては、師子王の心で、その邪悪な正体を明らかにしていけということです。

葉庭　御書を拝すると、人々を誑かす極悪に対しては、大聖人は火を吐くような厳しい言葉で攻撃しておられますね。

矢島　そうしなければ、人々が悪の実像に目覚めないからです。「妄語《もうご》の至り悪口《あっく》の科《とが》言うても比無《ならびな》し責めても余り有り」（同２５ページ）「折伏を行じて力あらば威勢《いせい》を以《もっ》て謗法《ほうぼう》をくだき又法門を以ても邪義を責めよ」（同４９５ページ）など、徹底的に邪悪を責めよと教えられた御文は数多くあります。

葉庭　正法の正しさを語り抜いていくとともに、邪法邪義の正体を白日のもとにさらしていくことが大事なのですね。

明快な対話に挑戦しよう

矢島　そうです。積極的に悪を責め、悪の正体を暴《あば》き、悪を滅してこそ正義です。どんどん、語っていくのです。御書にも「権実二教のいくさを起し」（502ページ）「実教より之を責む可し」（503ページ）と、正義の側から言論戦の火蓋《ひぶた》を切っていくのだと教えてくださっています。

葉庭　まさに「攻撃精神」を教えられているのですね。

矢島　そうです。そのためにも、「言論の力」が必要なのです。〝どこにインチキがあるのか〟〝何がおかしいのか〟を明快に語っていくことが大事なんです。相手を「なるほど、それはおかしい」と目覚めさせなければいけない。

葉庭　大聖人御在世当時、諸宗派は本来の仏法の精神を失い、万人救済の法である法華経を否定するなど、でたらめな思想で人々を誑かしていました。今もまた、日顕宗のように仏法をねじ曲げて民衆を食いものにする極悪宗教があります。また、自分の出世や欲得のために民衆を利用するような、ふざけた権力亡者もいますね。

矢島 インチキを責めずに許しておけば、多くの善良な人々が苦悩の人生に沈んでいく。あるいは、宗教なんてそんなものだという空気が色濃くなっていく。

どこまでも「仏と魔の戦い」

葉庭 権力も同じです。たとえば日本の政治を見てみても、次から次へと不祥事《ふしょうじ》を起こして議員が逮捕される政党、また、他党の批判や実績の横取りばかりをする政党があるから、若い人たちが政治を信用しなくなるんです。

矢島 国民から権力を与えられながら、国民の生命を守るために身を粉《こ》にして働けないような人間は〝魔物〟です。

葉庭 そして、なんだかいつも選挙が近づくとデマを垂《た》れ流す一部週刊誌もあります。

事実なんかどうでもいい。ともかく学会のイメージダウンを図りたい。なんとか、ケチをつけたい。そういう連中です。

矢島　御本尊に〝一切の魔を打ち破っていきます〟と、猛然と祈り抜くことです。自分に巣くう魔性を破り、広布の前途を遮《さえぎ》ろうとしている魔性を、信心の利剣で叩《たた》き破っていくのです。「攻撃精神」あふれる青年の熱と力で、仏の軍勢の完勝を勝ちとっていこうじゃないか！

6　弟子が正義の宣揚を

「なんとなく分かっている」ではダメです
明確に分かっていなければ広布の戦いと言えませんよ
大丈夫ケッコー語れるよ俺
じゃ、いくつか質問するネ
SGIは……
池田先生は……
大聖人の……
デマと嘘と……
マジでスゲェな学会って
おぉ〜
分かってないことが明確に分かった
うん

師匠の真実を覆うデマを許すな
青年の草の根の対話で日本社会を変革しよう

矢島　今の日本で、創価学会ほど青年に哲学を与え、社会の主体者として力を発揮させている運動は、ほかにありません。「学会の青年は素晴らしい」「社会に貢献しゆく学会のあり方は正しい」と、心ある人々は気付きはじめています。

葉庭　僕自身のことを考えても、学会のおかげで、かつての自分には想像もできないような、偉大な青春を歩かせていただいています。それもこれも全部、師匠のおかげだと思います。

矢島　そのとおりだね。こんな時代にあって、幾百万の青年が仏法の哲理に目覚め、真剣に信仰に取り組み、友のため、社会のために寸暇《すんか》を惜しんで行動している。日本社会は、この一点だけをとっても池田先生を尊敬し、深く感謝するべきだと僕は思う。

葉庭　ほかのだれが、これだけの青年に勇気と希望を与え、育ててきたのかと、声を大にして言いたいですね。

今いる場所で一人立て！

矢島　いよいよ、これからが弟子の本格的な戦いです。卑劣なデマや中傷で師匠の真実を覆い隠すような社会には、もういい加減、決着をつけなければいけない。いつまでも、こんな非道を許すわけにはいかない。

葉庭　本当に、そう思います。世界の名だたる指導者や識者が、先生を尊敬し、先生から学ぼうとされています。どれほど先生が偉大か、嫉妬《しっと》ばかりが強い島国では、わかろうともしないのですね。

矢島　断固として、弟子が反転攻勢に出なければならない。

歴史上の偉大な「人類の教師」たちを見ても、皆、弟子が立ち上がって師匠の正義と偉大さを宣揚《せんよう》してきました。すべては、弟子の闘争にかかっているのです。

葉庭　結局は、われわれ一人ひとりが、自分の周囲からデマを追放し、誤った認識を変えさせていくしかないのですね。

矢島　そうです。自分が全責任を担うのです。だれかがやってくれるとか、いつか空気が変わるだろうなどと考えていてはいけない。自分が池田門下生として、一人立つのです。自分が今いる場所から、デマを叩き出していくのです。

葉庭　「現代はだれもがジャーナリストでなければならない」と言った学者がいたそうですが、本当にそのとおりですね。情報に踊らされるのではなく、民衆の側が真実を発信していかなければならないのですね。

思想と行動を世界が称賛

矢島　そのためにも、しっかりと師匠の正義と真実を学ぶことです。「よくわからない」などと甘えている場合ではない。

葉庭　戦いにおいては「なんとなくわかっている」と、「明確にわかっている」とでは、まったく違います。「なんとなく」では、いざという時に悪を斬れません。

矢島　日蓮大聖人は、「日蓮をたすけんと志す人人・少少ありといへども或は心ざしうすし・或は心ざしは・あつけれども身がうごせず」（御書１１４９ページ）と仰せです。師匠の役に立とうと考えてはいても、思いが弱かったり、現実の行動に移せなかったりすれば、結局は不知恩です。

葉庭　友人に、ＳＧＩ（創価学会インタナショナル）が世界一九〇カ国・地域に広がっていることや、世界の二百をはるかに超える大学・学術機関から池田先生に名誉称号が贈られていることを語るだけでも、「何も知らなかった」と、みんな驚いています。

矢島　僕も会社の上司に、今や世界の著名な大学に「池田大作研究所」が設立され、その思想と行動を研究している時代なんだと教えてあげた。上司はビックリして「本当ですか？　すごい学会になっているんだね」と、感動していたよ。

葉庭　友人の多くは、「なぜ、日本のマスメディアは、そういう事実を大きく報じないのか」とも憤《いきどお》っていました。

島国根性を打ち破ろう！

矢島　池田先生に対する世界からの尊敬は、本来なら日本人の誇りであり、日本という国の宝のはずです。しかし、ちっぽけな島国根性だから、何とかして自分たちと同じレベルに引きずり降ろして安心しようとする。

葉庭　だから、品性下劣なデマには飛びつくのですね。

矢島　そういう腐った日本を、われわれ青年の草の根の言論戦で打ち破っていくのです。「いつまでもデマを鵜呑《うの》みにしていたら、世界からバカにされるよ」と、明快に言い切っていくことです。

葉庭　昨今、さまざまな次元でも、世の中が大きく変わりはじめていることを感じます。

矢島　広宣流布の環境も同じです。大きく変わりはじめている。その意味でも、明快に強くメッセージを発信したものが勝利していく。若い人々の感性を信じ、自信をもって訴えかけていくのです。一緒に時代を変えていこうと、呼びかけていくのです。

葉庭　ハイ！　わが地区でも正義の言論戦を猛然と開始していきます！

7 教学に取り組もう

教学は「信心の宝剣」だ!!
人生勝利を切り開く指針だあっ
カーン
カーン
戦いのなかで学び鍛えてゆくのだっ
中途半端な姿勢では実戦に役立たない!
ポキッ
まして大事にかざっておくものではなーい!
御書

「信・行・学」の実践こそ人材の要件
戦いのなかで御書を拝し信心の確信を深めよう

矢島　言うまでもなく、日蓮大聖人は「行学たへなば仏法はあるべからず」（御書1361ページ）と仰せです。創価学会の人材の要件は、どこまでいっても「信・行・学」に尽きる。青年時代に仏法に巡り合えたのだから、今こそ微動だにしない「信・行・学」の土台を築き上げておくべきです。

葉庭　教学を学んでいくうえで、心すべきことは何でしょうか？

矢島　なによりも、創価学会の教学は〝戦う教学〟だということです。自身の宿命転換のための教学であり、広布拡大のための教学であり、破邪顕正《はじゃけんせい》のための教学です。その〝戦う〟という一点を忘れて、御書を観念的にもてあそんでも何の意味もない。

葉庭　ましてや、日顕宗のように信者を誑《たぶら》かして坊主を権威化し、供養を貪《むさぼ》るために御書を悪用するなど、もってのほかですね。

大聖人と無縁の邪教「日顕宗」

矢島　実際は、日顕宗は教学のかけらもない。彼らが一九九一年（平成三年）に、学会に送りつけてきた「破門通告書」なるものには、御書の一片すら入っていなかった。ミエをはって自分たちで発刊した御書は、誤りだらけ。もはや大聖人とは何の関係もない邪教です。だから「日顕宗」というのです。

葉庭　われわれ後継の青年は、徹底して〝戦う教学〟を身につけていきます！

矢島　また、御書を拝していく姿勢について、『新・人間革命』のなかに、こうつづられている。

「御書は経文です。一字一句をも、ないがしろにしてはならない。（中略）心肝《しんかん》に染めていこうとするなら、まず、何度も、朗々と力強く、暗記するぐらい拝読していくことです」

「御書は、身口意《しんくい》の三業《さんごう》で拝していかなければならない。御書に仰せの通りに生き抜こうと決意し、人にも語り、実践し抜いていくことです。理念と実践とは、一体でなければならない。それが仏法を学ぶ姿勢であり、東洋哲学の在り方ともいえる」

葉庭　中途半端な姿勢では、絶対に済まされないですね。単に「勉強」するという姿勢ではなく、大聖人の御心に対し「信心」で向かい合っていくことが大切ですね。

仏法哲理を社会に展開

矢島　その意味でも、後継の青年たるもの、ぜひ、一人ひとりが常に自分自身の『御書』を持ち、会合や家庭訪問をはじめ日ごろから御書を拝しながら戦ってほしい。そうすれば必ず一切が大きく飛躍していく。

葉庭　〝未来部の会合でも、たくさんの御書の一節を暗記するほど学んだ。そのときに胸に刻んだ御文が、成長の糧になっているよ〟と語ってくれる先輩もいます。

矢島　剣豪の如き修行が、草創以来の学会教学の伝統です。学会はまた同時に、その日蓮大聖人の仏法哲理を現実社会のなかで展開する努力をしてきました。

葉庭　世間では、仏教といえば古い昔の話か、死んだ人に関することだぐらいにしか考えていません。でも、学会ではあらゆる世代の人々が、御書を拝し、心肝に染め、自身の課題を雄々しく乗り越えています。

矢島　戦いのなかで御書を拝していくことが大切なのです。広宣流布の師匠と心を合わせて、御書を拝していくのです。師匠の言われたことを真剣に実践しながら、そのなかで御書が真実であることを体得していくしかない。

強盛の信心で御文に肉薄

葉庭　池田先生の『若き日の日記』を読むと、先生ご自身が若き日の戦いのなかで、億《おく》劫《ごう》の辛労を尽くしながら、御書に肉薄していかれている様子が伝わってきます。

矢島　安閑《あんかん》として、書斎の机の上で学んだのではない。血を吐くような思いで、強盛の信心で御書の一文一句を身読し、御書に仰せのとおりに戦っていかれたのです。

葉庭　池田先生が築き上げてくださった創価学会のすべてを受け継いでいくのは、われわれ青年です。真剣に教学に取り組もうと、今の話を聞いて決意を新たにしました。

矢島　次の五十年、学会がさらに興隆していくためには、われわれ青年が、先輩以上の戦いに挑戦するなかで力を身につけていくしかないのです。大聖人も「わたうども二陣三陣つづきて迦葉《かしょう》・阿難《あなん》にも勝《す》ぐれ天台・伝教にもこへよかし」（同911ページ）と仰せです。青年の確信ある御書講義で、先輩たちも新たな勇気と希望を得ていけるような、力強い創価学会を今再び築いていこうじゃないか！

8　今こそ正義の言論を

社会も政治も「正義を装ったニセモノの言論」があふれている
カッコウばかり口先ばかりで……
ごまかそうとする
きら〜ん
やあ
キラ キラ
やあ
イメージは立派そうだがその実態は……
やあ
なっ全体的によく見るとコワイぞ

民衆を誑《たぶら》かすデマを許すな
破折精神をみなぎらせ創価の底力を示そう

葉庭　末法は「闘諍言訟《とうじょうごんしょう》」の時代だといわれますが、どういうことでしょうか。

矢島　末法の様相を述べた言葉です。「闘諍堅固」ともいいます。大集経では、釈尊滅後の仏法流布の移り変わりが、五百年ごとに予言されています。そのなかで、「第五の五百歳」つまり末法という時代は、釈尊の仏法の中において争いの絶えない時代になるとされています。事実、仏教はさまざまな宗派に分かれ、それぞれが〝自分たちこそが正しい教えだ〟と執着を持ち、釈尊の真意を追い求めることを放棄しました。

葉庭　いったい、どこに仏法の真実があるのか、わからなくなる時代ということですね。

矢島　末法という時代の本質を一次元からいえば、「正義を装《よそお》ったニセモノの言論」が世にあふれて、どこに民衆を幸福にする「真実の正義」があるのか、見えなくなる時代といえるかもしれないね。

葉庭　正義ではないものが、正義を装って民衆を誑《たぶら》かす時代ということですね。

矢島　私利私欲にまみれた極悪の宗教者や権力者が、甘い言葉で民衆に近づき、利用しようとする。そして、自分たちの利権を守るために、正義の言論を封殺しようと謀略をめぐらせる。闘諍言訟の時代とは、デマが横行する時代でもあるのです。

ニセモノを打ち破ろう

葉庭　そういうデマや民衆を誑かす言論を許してしまえば、いつまでたっても〝民衆が主役の時代〟にはなりません。

矢島　そうです。だからこそ、「正義の言論」で、「正義を装ったニセモノの言論」を打ち破っていかなければならない。大聖人も「闘諍堅固・白法隠没《びゃくほうおんもつ》の時と定めて権実雑乱《ごんじつぞうらん》の砌《みぎり》なり」「今の時は権教即実教の敵と成るなり、一乗流布《いちじょうるふ》の時は権教有つて敵と成りて・まぎらはしくば実教より之を責む可し」（御書503ページ）と仰せです。

葉庭　つまり闘諍言訟の時代、〝ニセモノの正義〟が横行している時代には、真に正義である側から、痛烈に責めていきなさいとの御金言ですね。

矢島　「正義を装ったニセモノ」の最たるものこそが、僭聖増上慢《せんしょうぞうじょうまん》です。文字どおり「聖人」を僭称《せんしょう》し、さも立派な高僧のような姿をして人々を騙《だま》していく。法華経の行者を陥《おとしい》れようと策謀をめぐらせる。末法の広宣流布を成し遂げていくためには、この僭聖増上慢を倒す以外にない。

葉庭　社会のなかにも、「正義を装ったニセモノの言論」があふれています。政治の世界にも、権力だけが目当てで、カッコウばかり、口先ばかりで、有権者の目をごまかそうとする連中。何の責任感もなく、反対ばかり叫んで騒ぎ、他党の実績を横取りする連中がいます。また、マスコミをみても、卑劣なデマを並べては、人権侵害を繰り返している極悪雑誌があります。

「師子の声」を今こそ

矢島　広宣流布とは、こうしたありとあらゆる「正義を装ったニセモノの言論」を打ち破って、民衆の目を覚まさせていく言論闘争なのです。だからこそ、語りに語らなければならない。「声仏事を為す」（同７０８ページ）であり、「力あらば一文一句なりともかたらせ給うべし」（同１３６１ページ）なのです。

葉庭　学会は権力にも財力にもよらず、正義の言論を武器に、今や日本の柱となる民衆の城を築いてきました。名もなき庶民が、必死になって一人ひとりに語りかけて、現実の上で社会を変えてきました。

矢島　ともかく、戦いは生命力の強いほうが勝つ。

大聖人も「師子の声には一切の獣《けもの》・声を失ふ」(同1393ページ)と仰せです。確信ある声、師子王の生命力で、創価の正義を叫びきっていくことです。

葉庭　今まで対話に耳を傾けてくれなかった相手にも、あきらめずに誠実に訴えていこうと思います。

常に師匠と心あわせ

矢島　「日蓮が法門は古《いにし》へこそ信じかたかりしが今は前前いひをきし事既《すで》にあひぬればよしなく謗《ぼう》ぜし人人も悔《くゆ》る心あるべし」(同1088ページ)とあります。今まで大聖人を誹謗《ひぼう》していた人々のなかにも、大聖人の正義が明らかになってくるにつれ、後悔しはじめている人もいる、と。

葉庭　よくわかる気がします。以前は、無責任に学会を批判していた人のなかにも、学会に対する世界の多くの識者の評価や、同志の地道な地域貢献の姿に触れて、大きく認識を変えはじめている人が少なくありません。

矢島　最後の最後まで執念をもって戦っていこう。

どんな戦いも、勝負を決するのは最後の五分といわれている。「もう、このくらいでいいだろう」と、先に投げ出したほうが負けてしまう。

葉庭　「新池御書」に、有名な一節があります。「譬《たと》えば鎌倉より京へは十二日の道なり、それを十一日余り歩《あゆみ》をはこびて今一日に成りて歩をさしをきては何として都の月をば詠《なが》め候べき」（1440ページ）です。

矢島　われわれには、御本尊がある。御本尊に祈りに祈り、全宇宙の諸天善神を集める思いで、勇敢に戦おうじゃないか。強盛な祈りは、鋼鉄《こうてつ》の扉をも開く。そして、われわれには常勝の王者である偉大な師匠がいる。この師匠と心を合わせていくときに、不可能も可能になっていくのです。民衆の底力を、創価の底力を、断固として満天下に示しきっていこう!

9 『人間革命』『新・人間革命』を学ぼう

師匠とともに戦う一大叙事詩 創価の魂を胸に拡大に先駆しよう

葉庭　今、待望の小説『新・人間革命』を真剣に読んでいます。

矢島　一行《ぎょう》一行、師匠が命を削る思いでつづってくださっているのです。『人間革命』『新・人間革命』は、いずれも小説という形を借りてはいるけれども、創価学会の広宣流布運動の軌跡をつづった「歴史の証言」そのものといえます。それは、初代・二代・三代と続く創価の師弟の闘争の歴史であり、その師匠と苦楽をともにして戦った、幾百万人の無名の英雄たちの壮大な一大叙事詩なのです。

葉庭　池田先生は『新・人間革命』第1巻の「はじめに」で、この執筆こそ「わが生涯の仕事」と宣言され、「完結までに三十巻を予定している。その執筆は、限りある命の時間との、壮絶な闘争となるにちがいない。しかし、自身のこの世の使命を果たし抜いてこそ、まことの人生である」と、心情を語られています。

渾身の思いで励ます師

矢島 全12巻の『人間革命』は戸田先生を主人公としつつ、山本伸一という不二の弟子との、師弟共戦の歴史が描かれています。『新・人間革命』は、その山本伸一が第三代会長に就任して、師の一切の構想を実現していく歴史であり、今度は山本伸一と青年たちとの師弟共戦の記録なのです。

葉庭 その結果、今や学会は名実ともに世界最高峰の仏教団体であり、日本社会の厳然たる柱の存在になりました。世界各国の同志の活躍が『聖教新聞』を飾らない日はありませんし、世界からの称賛が連日のように届いています。

矢島 そうだね。しかし、それらすべては池田先生が人知れず構想し、時をつくり、種をまき、人を育てて実現してきたものなのです。そこに込められた師匠の思いがどれほど深いものだったのか、僕自身、『新・人間革命』を読んで初めて知ることばかりだった。また、草創の先輩たちがどれほどの決意で、想像を絶する広布開拓の労苦に挑んでこられたのかを知り、幾度も厳粛な感動に包まれたものです。

葉庭 また、物語としては広宣流布の闘争の大きな歴史がつづられているわけですが、全編に一貫して描かれているのは、常に一人の人間の具体的な苦悩を抱きかかえ、渾身《こんしん》の思いで励まし続ける先生の姿です。

矢島　本当にその通りだね。かつて池田先生は学会がここまで大発展した要因について、「私が一人ひとりの会員と直接会い、語り合ってきたからです」とおっしゃった。そこに創価学会のすごさがあるのです。『新・人間革命』は、まさにそうした間断《かんだん》なき激励行の記録といってもいい。

葉庭　あるときは直接の出会いを通して、あるときは講演や執筆を通して、師匠に励まされ、苦悩を乗り越え人間革命してきた幾百万人の人生の勝利が、そのまま今日の創価学会の大勝利を築き上げたのですね。

民衆勝利の歴史

矢島　宗教を見下し、学会を誹謗《ひぼう》してきた三流マスコミやエセ文化人の連中は、人間が人間の励ましに応え、立ち上がっていく姿など、想像もできないのだろう。

葉庭　極悪坊主たちも、そこがわかっていなかったのですね。衣《ころも》の権威をちらつかせれば、学会を分断できると考えていたんでしょう。折伏どころか、一人の信徒さえ激励したことのない、冷血な連中の考えそうなことです。

矢島　『人間革命』の第1巻は、戸田先生の出獄の場面からはじまりました。まさに太平洋戦争によって焦土と化した日本に戸田先生が一人立って、そこから広宣流布がはじまったのです。

広宣流布の歴史は、傷つき虐《しいた》げられていた民衆に、希望と勇気の哲学を与え、立ち上がらせ、連帯させ、その「民衆の城」を社会の柱の存在にまで築き上げてきた民衆勝利の歴史です。

創価学会こそ本当の意味で、戦後の日本で民衆を社会の主人公にしてきた偉大な民主主義運動なのです。

葉庭　『人間革命』『新・人間革命』を学べば学ぶほど、学会の存在の偉大さがわかりますね。

広布の戦に勝ち抜くために

矢島　この広宣流布の一切を受け継いでいくのが、われわれ青年なのです。師匠がいかに戦い、道を切り開いてきたのか。それを生命に刻むことは、後継の弟子の当然の責務だと僕は思う。その意味でも、『人間革命』『新・人間革命』は創価の魂の書物であり、広布の戦に勝ち抜くための〝兵法書〟です。戦う弟子なら、座右に置いて常に開くべきものなのです。

葉庭　先生はご自身の若き日の闘争をふりかえられつつ、どんな激闘の日々であっても良質の文学に触れていくべきであると、青年たちに教えてくださっています。師匠が真剣勝負で書き贈ってくださっているのですから、われわれ弟子も真剣勝負で受け止めていくことは当然のことです。

矢島　活字を読んでいくことも戦いだ。活字離れが進む社会にあって、幾百万の青年が活字に挑んでいく姿は、それ自体が社会の希望です。広布拡大の先頭で戦いながら、今こそ闘争のなかで『人間革命』『新・人間革命』を学んでいこうじゃないか！

10　悪との闘争に立ち上がろう

三代会長こそ広宣流布の指導者
日顕宗の本質を暴《あば》き正義を語り抜こう

矢島 今の日本社会を見わたしても、かつては隆盛していた団体さえ、多くが衰亡している。そんななかで、わが学会は「日本の柱」の存在として、堂々たる発展をしている。

葉庭 友人たちのなかにも、「すごいね」と驚きの声を伝えてくる人が何人もいます。

矢島 師匠が偉大だから、学会は大勝利したのです。そして、その師匠と心を合わせて戦ってきた幾百万の無名の先輩たちのおかげで、かくも偉大な「民衆の城」ができあがったのです。

葉庭 僕たち青年は断固として、その大恩に報いていきたいと思います。

謀略を巡らした日顕一派

矢島 われわれ創価後継の青年にとって一番重要な戦いは、極悪の日顕宗を倒すことです。そのことを、もう一度確認しておきたい。

葉庭　はい。新入会のメンバーはもちろん、青年部にも宗門事件を直接経験していない世代が多くなりました。だからこそ、僕たちは徹底的にその本質を暴くために学ばなければならないと思います。

矢島　学会がどれほど宗門を守り支え、尽くしに尽くしてきたか。坊主の傲慢《ごうまん》と残酷《ざんこく》さに歯を食いしばりながら、ひたすら僧俗和合を願って、どれほど苦労を重ね、耐えに耐えてきたか。その学会から取れるだけの供養を搾《しぼ》り取り、一方的に切り捨てるどころか、謀略を巡らせて学会の破壊を企《たくら》んだのが日顕一派です。

葉庭　日蓮大聖人の御入滅後、法門のすべてを受け継がれた日興上人が、謗法に染まった身延山を去って開基《かいき》されたのが大石寺です。身延をはじめ日蓮宗各派は、仏像を拝ませたり、鬼子母神《きしもじん》や稲荷《いなり》をまつるなど、大聖人の仏法とは似ても似つかない宗教になっていきました。その後の歴史のなかで、大石寺にも謗法があったわけですが、学会は破折すべきは破折し、大きな心で宗門を外護し抜いてきたのです。

矢島　滅亡しかかっていた大石寺や宗門の末寺を復興させ、宗開両祖の正義の法門を現実に広宣流布してきたのは創価学会です。だから、戦後の歴代法主も最大限に学会に感謝し、広宣流布の指導者である学会の三代の会長を心から称賛してきたのです。

葉庭 たとえば日亨上人は牧口先生を「通俗の僧分をも超越」と称賛されていますし、日淳上人は、牧口先生を「生来仏の使であられた」、戸田先生のことを「妙法蓮華経の五字七字を七十五万として地上へ呼び出したのが会長先生」と称賛されています。

矢島 日顕の〝先師〟であるはずの日達法主も「池田会長は四菩薩の跡を継ぎ、折伏の大将として広宣流布に進軍しております」等と、繰り返し池田先生を称賛してきた。それら歴代法主に師敵対して、池田先生に嫉妬《しっと》し、学会を破壊しようとした日顕は、この点だけをとってもニセ法主であることは明確です。

自分自身の宿命転換のため

葉庭 反社会的な行為も次々に露見《ろけん》し、宗門は七回も最高裁で敗訴。日顕本人も二回、最高裁から断罪されています。

矢島 日蓮大聖人の仏法を破壊し、日興上人が守られた正義をなきものにしたことへの厳然たる仏罰です。広宣流布の和合僧団である創価学会を破壊しようとした罪は、未来永劫に消えないよ。

葉庭　大聖人は、「若《も》し善比丘《びく》法を壊《やぶ》る者を見て置いて呵責《かしゃく》し駆遣《くけん》し挙処《こしょ》せずんば当《まさ》に知るべし、是の人は仏法中の怨《あだ》なり」（御書１３０７ページ）という涅槃経《ねはんぎょう》の文を何度も何度も御書に引用されていますね。

矢島　そうです。「此の経文にせめられ奉りて日蓮は種種の大難に値《あ》うといへども・仏法中怨《あだ》のいましめを免《まぬか》れんために申すなり」（同ページ）とあるように、仏法破壊の極悪坊主に対して、徹底した言論戦を続けられたのが大聖人の御生涯です。

葉庭　邪悪を責めるということを抜きにしては「正義」にはなり得ないということを、僕たち青年は今ふたたび、深く心に刻みたいと思います。

矢島　広宣流布に戦おうと思うのなら、広布を破壊する一凶を倒すことを、まず真剣に祈り抜くことです。正義の怒りを燃やせる自分になれるよう、強く祈ることです。

極悪と戦おうとする心が燃え上がれば、自分の生

命の悪も叩き出していける。反対に、仏弟子でありながら、広布破壊の極悪と戦えないようでは、結局は魔に食い破られてしまいます。

葉庭　自分自身の宿命転換のためにも、極悪との闘争に立ち上がることが最重要なのですね。

矢島　真剣に「祈る」ことです。そして「学ぶ」ことです。学んだら「語る」ことです。

強く責めれば必ず現証が出るのです。青年が立ち上がって、極悪日顕とその一派に、厳然たる滅亡の現証を出していこうじゃないか！

11　学会の会館は「広布の城」

地域社会に平和と文化を広げる会館
日顕宗の寺は「食法餓鬼の寝床」

葉庭　先日、初めて会館での衛星中継行事に参加した友人が、会館の素晴らしさに驚いていました。外観も内部も明るくて、雰囲気もいいねと語っていました。

矢島　陰陰滅滅《いんいんめつめつ》とした日顕宗の寺とは大違いだ！　学会は「仏法即社会」の正しい路線を歩んでいます。学会の会館は「広布の城」であると同時に、地域に開かれた「文化の城」であり「平和の城」「安心の城」「友情の城」でもあるのです。

葉庭　なるほど。礼拝施設ではあっても、多くの建物が「文化会館」「平和会館」等と名付けられているのは、そういう社会に開かれた宗教性をあらわしているのですね。

矢島　現実に、学会の会館は仏法の研鑽《けんさん》はもとより、さまざまな平和・文化の行事に活用されています。また、地域によっては近隣の行事にも使っていただいています。そして、大地震や水害などが起きた際には、地域住民の生命を守る臨時の避難所としてフル回転してきました。

葉庭　阪神や新潟を襲った大地震の際も、各地の会館はビクともせず、学会員であるなしに関係なく、多くの住民の方が会館に避難されていましたね。こうした貢献に対して、自治体からの感謝状なども数多く寄せられています。

矢島　あまりにも有名な話になったが、あの阪神・淡路大震災の折、被災地にあった日顕宗の寺は固く門を閉ざして誰ひとり避難民を受け入れようともしなかった。法華講員が避難させてほしいと訪ねていったら、坊主が出てきて、追い返されたという。社会貢献どころか、最低限のモラルも持ち合わせない最低最悪の宗教です。

葉庭　日顕宗の寺は、本尊を安置した本堂よりも、坊主の寝床である庫裏《くり》のほうが立派だと、世間の物笑いのタネです。もっとも、参詣《さんけい》する信者もチョボチョボで、本堂も開店休業の寺が少なくないようですが。

矢島　日顕ファミリーと一部の取り巻きの坊主だけが、実入《みい》りのいい都会の寺に住みついているのです。卑《いや》しい贅沢三昧《ぜいたくざんまい》をして、庫裏に超豪華な特注のシステムキッチンや、専用の焼き肉テーブルを据え付けたりと、「食法餓鬼《じきほうがき》」そのものの醜態《しゅうたい》をさらしている。

葉庭　日顕宗の寺は、完全に「食法餓鬼の寝床」になっていますね。学会の会館こそ、大聖人の仏法を広宣流布する「現代の寺院」だと思います。

会館の威容は民衆勝利の象徴

矢島　釈尊の時代の精舎《しょうじゃ》も、仏法研鑽のために人々が師のもとに集う道場でした。また、日蓮大聖人も広布の拠点として質素な草庵《そうあん》は結ばれたが、豪華な寺院など建てられていない。

葉庭　世間一般では、宗教建築というのは宗教の権威を誇示するものや、王侯貴族の御殿のようなものが少なくありません。歴史を見ても、特権階級の莫大《ばくだい》な寄進で建てられたものが多くあります。

矢島　学会の会館は、それらの宗教建築とは対照的です。民衆が民衆のために建設した「民衆の城」なのです。

地域にそびえ立つ学会の会館の威容は、民衆の勝

利の象徴だと思う。民衆が自分たちの手で地域社会に哲学を発信し、平和と文化と友情を広げていく「民衆の城」なのです。

実際、会館が建ってから地域が明るくなった、大きく発展したという称賛の声が、各地から寄せられています。

歴史的建造物を大切に使用

葉庭　ＳＧＩ各国には、英国のタプロー・コート総合文化センターや、ドイツのヴィラ・ザクセン総合文化センターなど、歴史的な遺産を整備して、仏法の道場として使用しているところもありますね。

矢島　欧米では、特に、歴史的な建築を大切にします。建物は人が使わなければ傷《いた》んでしまう。さまざまな苦労を承知で、あえて歴史的建造物を大切に使用し、地域にも開放しているのです。こうした学会の姿勢に対しては、各国から顕彰が相次いでいます。

葉庭　その国の文化を大切にし、その国の社会に貢献していく――こうした会館のあり方そのものが、仏法への理解を深めているのでしょうね。

矢島　あの壮麗な東京牧口記念会館は、軍国主義と戦い、冷たい三畳一間の独房で、正義を叫び続け、獄中に亡くなった創価の父を顕彰する意義を込めて建てられました。その初代会長の殉教《じゅんきょう》から六十年余。今や、その牧口記念会館に国家元首や世界の指導者が続々と訪れる時代が到来したのです。

葉庭　創価の三代の指導者の偉大さ、師と共に戦った幾百千万の無名の庶民の大勝利を象徴する殿堂ですね。

矢島　学会の会館には、幾重にも深い意義が込められているのです。何度もいうが、そうした会館があることを当たり前のように考えてはいけない。青年の手で、報恩感謝の大拡大戦に打って出ようじゃないか！

12 弟子の戦いで大勝利しよう

「救いを求める人」から他者を「救う人」へ
師と共に戦う青年の手ですべての戦いの突破口を！

矢島　池田先生は、創立75周年の折、「記念各部合同協議会」でのスピーチで、ホイットマンの詩を紹介され、「一歩も後退してはならぬ！」との、この詩人の言葉を青年に贈りたいと語られた。

葉庭　先生はまた同じスピーチで、法華経の「五百弟子受記品《じゅきほん》」を通し、「師匠に守られる弟子」から「師と共に戦う弟子」へと、一念を大きく転換させる重要性を教えてくださいました。

矢島　五百弟子品は、釈尊の弟子である声聞たちが、師匠との生命の対話を通し、ちっぽけな自身の殻《から》を打ち破っていく物語です。先生は、弟子たちは本来の自分自身の誓願《せいがん》を自覚することで、「救いを求める人」から、他者を「救う人」へと〝人間革命〟していったのだとスピーチされました。

葉庭　拝読していて、全身に電流が走るような感動に包まれました。そして、決意と勇気がみなぎりました。

矢島　じつは、法華経とはまさに終始一貫して、この「救いを求める人」から他者を「救う人」への転換を説いた経典なのです。そこに、法華経が〝諸経の王〟である所以《ゆえん》もあるのです。

万人の生命に仏性を見いだす

葉庭　世間の多くの人は、宗教といえば、神や仏によって人間が救われることを説いたものだと考えていると思います。だから、「宗教は弱い人間がすがるもの」だという偏見も生まれてくるのかもしれません。

矢島　たしかに、今日の世界宗教といわれるものも、その出発点は権力者ではなく、〝虐《しいた》げられた側の人々〟のなかから生まれたという一面があります。苦悩にあえいでいた人々に、〝必ず幸福になれる〟という希望を与えたからこそ、時代を超えて大きく広まっていったのです。

しかし、人間が「救いを求める」だけの存在で終わってしまえば、かえって人間を弱い存在に封じ込めてしまいかねない。

万人の生命に仏性を見いだす法華経の思想は、万人が成仏できる、つまりどんな人も「他者を救う側」になり得るのだという、希望のメッセージなのです。

葉庭　法華経では、大地を割って、陸続と地涌の菩薩が下方世界から登場します。まさに、自分の使命を自覚し、誓願して立ち上がる勇者の姿だと思います。

矢島　それまで、「救われる側」の弱い存在にすぎないと考えられていた人間を、そうではない、人間こそが他者を救い、世界を変えていく王者なのだと説いたのです。だからこそ、古い宗教観にどっぷり浸《つ》かっている人々には、難信難解《なんしんなんげ》の法門でもあるのです。

使命を自覚した歓喜が原動力に

葉庭　ある人が、草創の関西の先輩たちの話をうかがいに回ったそうです。世間から「貧乏人と病人の集まり」などと嘲笑《ちょうしょう》されようとも、喜々として弘教・拡大に走り、未曽有《みぞう》の闘争を成し遂げた原動力は何だったのか、と。

矢島　ふむ。それで？

葉庭　それは、「こんな自分でも、人の役に立てる。だれかを幸せにするお手伝いができる」という大歓喜だったというのです。

矢島　すごいことだね。日蓮大聖人は、この五百弟子品を講義されて「我心本来《わがこころほんらい》の仏なりと知るを即ち大歓喜と名《なづ》く所謂《いわゆる》南無妙法蓮華経は歓喜の中の大歓喜なり」（御書788ページ）と仰せになっています。

葉庭　まさに、「救いを求める人」から、他者を「救う人」へと、大きく人間革命していった、その使命を自覚した喜びが、常勝関西の淵源《えんげん》をつくったのですね。

矢島　関西はもちろん、全国・全世界の先輩たちが、この大歓喜で創価学会を築き上げてくださったのです。その人間革命を可能にするものこそ、〝師匠と共に戦う〟という一点です。この「一念の転換」が、一切の勝利を決していくと先生は教えてくださっている。

葉庭　功徳の体験があるとかないとか、実証を示しているとかいないとか、青年がそんなことで躊躇《ちゅうちょ》していてはいけないですね。広宣流布の大指導者が、今、自分と同時代に生きている。その師匠に守られる弟子ではなく、師匠と共に戦うのだと、断固立ち上がることですね。

「戦う一念」を定めよう！

矢島　むろん、現実の人生には、さまざまな悩みや行き詰まりもあります。広布のためどころか、まず自分自身を何とか救ってほしいと願いたいような状況もあるでしょう。しかし、そこで終われば魔に負けたことになってしまう。状況が整わなければ戦えないというのであれば、敗北です。

葉庭　池田先生は『生老病死と人生』を語る」で、「病気だからといって、『戦う一念』を弱めたら、生命まで病気になってしまう」と語られています。

矢島　これは、あらゆる悩みや行き詰まりに通じることだと思う。魔は奪命者《だつみょうしゃ》です。要するに生命力を奪い、希望を奪い、歓喜を奪い、戦う心を奪っていく。何があったとしても、「戦う一念」を弱めたら魔に敗れてしまった姿です。

宿命の嵐がどう吹き荒れようが、師子王の子が師子であることは間違いない。自分は「師匠と共に戦う弟子」なのだと決めることです。その一念の転換こそ、三千世界を動かしていくカギとなるのです。

葉庭　先生は「『広宣流布の大願』に生き、仏界の生命を湧《わ》き立たせる時、人間の生命は、最大に躍動する。ともあれ、広布の新たな時代を開くのは、常に『弟子の戦い』である。なかんずく、その原動力は青年部である」と語られています。

今こそ、青年が先頭に立って、「師匠と共に戦う弟子」の大勝利で飾っていきます！

13　勝利の根本は「深き祈り」

今の戦いが、「次の50年」を決める！
師弟一体の祈りが一切の原動力

矢島　師匠と共に戦える重要な一年一年を勝ちきる根本は「深き祈り」です。まず一点目として、深い祈りには目標に向かう強き一念が必要です。御書には、「華厳経《けごんきょう》に云く『心は工《たくみ》なる画師《えし》の如く種種の五陰《ごおん》を造る一切世界の中に法として造らざること無し』」（400ページ）とあります。

葉庭　素晴らしい画家があらゆるものを自在に描き出していくように、「心」つまり、「わが一念」が、あらゆるものを形作っていくのだという意味でしょうか。

矢島　そうです。天台大師は摩訶止観《まかしかん》にこの文を引用しています。戦いにおいても、すべてを決するのは「わが一念」なのです。だからこそ、いつまでに、何を、どうしていくのか、ということを明確にする必要がある。

葉庭　矢を射るときにも、まずどの的《まと》を射るつもりなのかが明確でないと、命中させることなどおぼつきませんね。

矢島　一念の変革は、必ず三千世界を動かしていくのです。そのためにも、目標を明確にしていくことが大切なのです。

葉庭　まず第一に、何をどう成し遂げていくのか。自身の課題、わが組織の広布の課題を、再度明確にしていきます。

矢島　次に二点目として、「深き祈り」には強盛な信心が不可欠です。観心本尊抄文段には「この本尊を信じて南無妙法蓮華経と唱うれば、則《すなわ》ち祈りとして叶《かな》わざるなく、罪として滅せざるなく、福として来らざるなく、理として顕《あらわ》れざるなきなり」とあります。

葉庭　スピーチで池田先生は、「御本尊に願いきってゆくことだ。『一人』が大事だ。その一人の信心によって、皆が最後は幸せになっていける」という、戸田先生のご指導を紹介してくださいました。

矢島　「祈りとして叶わざるなし」を確信して、リーダー自身が御本尊に祈りきっていくところから、一切の勝利も開けてくるのです。

信の力で仏界を涌現

葉庭　「一生成仏抄講義」でも、先生は「信の題目」について語ってくださっています。「その本質はわが己心《こしん》の無明との戦いであり、魔性との闘争です。信の力で仏性を覆《おお》う無明を打ち破り、仏界の生命を涌現させるのです」と。

矢島　たとえ日々、目標を祈念していても、形式的な祈りであってはならない。断じて成就させてみせるという気迫と絶対の確信が、わが心にあるかどうか。まさしく、魔性はわが胸中に潜《ひそ》んでいるのです。

葉庭　よくわかりました。ところで、先生は青年部に対し、若き日に恩師と苦闘を共にされた日々のことを、繰り返し語ってくださっていますね。

矢島　その通り。この点を、私たちは忘れてはいけません。最後の三点目として「深き祈り」を成就させるカギは「師弟一体」の祈りです。今日の創価学会の大発展も、その根源は牧口先生を守りきろうとされた戸田先生の闘争であり、戸田先生のために一切をなげうって戦われた池田先生の闘争なのです。

葉庭　なぜ、先生がかくも繰り返し、青春の日の師弟一体の苦闘を青年に語られるのか。われわれはその重みを考えなければなりませんね。

人生を勝ち飾れ

矢島　仏法の根本は、どこまでいっても「師弟」なのです。如我等無異《にょがとうむい》といって、師である仏は弟子を自分と同じ境涯に引き上げようと誓願されている。ならば、弟子も師匠という一点を見つめ、師と共に戦うなかで、師と同じ闘争力、師と同じ境涯を勝ち取っていくしかないのです。

葉庭　わが人生を見事な勝ち戦で飾って、師匠に喜んでいただきたい――今や、全国・全世界の青年部が立ち上がっています。スポーツ界、芸能・芸術界、学術界をはじめ、社会のあらゆる分野で、堂々たる勝利の実証を輝かせる池田門下の陣列が並んでいます。

矢島　小説『新・人間革命』には、こうつづられている。

「山本伸一が会長に就任して以来、未曾有の弘教が成し遂げられてきた源泉も、彼の確固不動なる一念にあった。それは戸田城聖の弟子としての、誇り高き決定した一心であった。

〝先生の構想は、必ず実現してみせる！〟

それが、伸一の原動力であり、彼の一念のすべてであったといってよい」（第3巻「仏法西還」の章）

葉庭　すべてを決する「深き祈り」を根本に、誉れある池田門下生として、僕自身が先頭に立ち、猛然と戦いきっていきます！

14 広布のバトンを受け継ごう

後継の青年が戦いの先頭に立つ
仏法を語る勇気の人を諸天も称賛！

矢島　仏法は、一人ひとりの人間を尊極の「仏」にしていく宗教です。救いを求める側から、救う側へと転換していく。真実の仏法は、僧侶に祈禱《きとう》してもらったり、何かにすがって幸福を願うような弱々しい信仰ではないということです。

葉庭　世間で考えられているように、死んでから仏になるというようなものではなく、現実の人生の真っただ中で、自身の生命の上に「仏」という無上の力を現していくことを教えたものですね。

矢島　多くの宗教はある意味で「死後の救済」を説きます。それに対し大聖人の仏法は、「一生成仏」の教えです。今を生きる凡夫の身の上に、仏の生命を開いていくのです。そのうえで、今生で勝利するだけでなく、死後も、すなわち生々世々に勝利の軌道に入っていくことができるのです。

その一生成仏の方途として大聖人は、「末法に入て今日蓮が唱る所の題目は前代に異り自行化他に亘《わた》りて南無妙法蓮華経なり」（御書1022ページ）と仰せです。

葉庭　まず、自分自身が妙法を信じて唱題行に励んでいくこと。もうひとつは、人に妙法の偉大さを教え、仏法の実践を勧めていくこと。この自行と化他行が両方ともなってこそ、大聖人の仏法の実践となるのですね。

矢島　とりわけ「我が滅度の後に能く竊《ひそか》に一人の為にも法華経の乃至《ないし》一句を説かん当《まさ》に知るべし是の人は則《すなわち》如来《にょらい》の使なり如来の所遣《しょけん》として如来の事を行ずるなり」（同621ページ）と法華経に説かれているように、たとえ一文一句でも人に仏法を語っていくことこそ、如来、つまり仏の振る舞いになるのです。

葉庭　現実の社会にあって、幾百万の民衆が事実の上で「如来の使」として人々を救ってきたのが、創価学会の歴史ですね。すごいことですね。

矢島　創価学会の中で広宣流布のために戦えるということが、どれほど偉大なことであり尊貴《そんき》なことであるか。

長い間、民衆は遠くの世界や死後の世界に仏を渇仰《かつごう》

するだけの存在だった。学会は、その民衆自身を仏として立ち上がらせ、人々を救い、社会を変革してきた。人類史を一八〇度転換させる大偉業なのです。

葉庭　ところで、聞法下種《もんぽうげしゅ》と発心下種《ほっしん》という言葉があります。部員さんに、どういうふうに説明していったらいいでしょうか。

聞法下種と発心下種

矢島　人に仏法を語って、相手の仏性を発動させていく働きかけを「下種」と言います。たとえて言えば、仏になる種を相手の生命に下ろしていく（＝植えていく）作業です。そして、せっかく仏法の話を聞いても、相手が反発したり、信仰の実践には至らない場合もあります。しかし、相手は仏法の話を聞くということで妙法に縁したわけです。

葉庭　ああ、それが聞法下種ですね。

矢島　そうです。あるいは相手が発心して、素直に信仰の実践を始める場合もあります。

葉庭　その場合が発心下種ですね。

矢島　私たちは、何としても相手に信心をさせてあげたいと祈り、真剣に語るわけですが、相手の反応がどうであれ、語り切っていくということが大事なのです。大聖人は「とてもかくても法華経を強いて説き聞かすべし、信ぜん人は仏になるべし謗《ぼう》ぜん者は毒鼓《どっく》の縁となつて仏になるべきなり」（同552ページ）と仰せです。

葉庭　毒鼓の縁というのは、仏法に反発したことが「縁」となって、仏法に近づけるということですね。

矢島　これを「逆縁《ぎゃくえん》」ともいいます。その時は反発したとしても、結果的には仏法との縁を強めていけるわけです。今は立派に信仰を貫かれている先輩たちの中にも、じつは長い間、信心に反対していたんだという人もいらっしゃるでしょう。

葉庭　あるいは、何の悩みもないように見えて、対話をしてみると、じつは深い苦悩を抱えていたという人もいます。いずれにしても、こちらが勝手に、この人には仏法対話をしても聞く耳を持たないだろうと決めつけてはいけないということですね。

仏法を語る功徳は同じ

矢島　結果として、聞法下種になった場合も発心下種になった場合も、人に仏法を語っていくということ自体が「如来の事を行ずる」実践なのですから、その人が受ける功徳は同じです。

葉庭　相手が反対しても素直に信心しても、こちらの振る舞いは立派な折伏行なのですね。

矢島　御書には「弘めん者をば衣を以て釈迦仏をほひ給うべきぞ、諸天は供養をいたすべきぞ・かたにかけせなかにをふべきぞ」（1359ページ）とあります。この末法の時代に、誰が何と言おうが仏法を語っていく。その勇気の人に対しては、釈迦仏が称賛し、諸天善神が供養をしますよと、大聖人がお約束してくださっているのです。

葉庭　すごいですね！　なんだか、心が軽くなりました。さらに勇気を出して、どんどん語っていきます。わが地区に、わが部に、折伏・弘教の大旋風を起こしていきます！

15　青年が対話拡大の先頭に！

他者の痛みに同苦できる自分に！
師弟根本の祈りで自身の〝壁〟を破ろう！

葉庭　「青年を糾合《きゅうごう》していこう！」という師匠の呼びかけに応えようと、地区でも、部でも、青年が先頭に立って、対話のうねりを巻き起こしています。

矢島　本当にすごい勢いだね。毎回の入会勤行会でも、数多くの青年が同志の祝福の輪に包まれています。どこに、これほど青年に希望と哲学を与えている団体があるだろうか。御金言に「妙法独《ひと》り繁昌《はんじょう》せん時」（御書502ページ）とあるとおりの、隆々たる学会の発展の姿です。

葉庭　友人に、この信心の素晴らしさをなんとか教えてあげたい――。みんな、一生懸命に対話に挑戦しています。ただ、なかなか思うように対話ができなくて悩んでいるメンバーもいます。

折伏・弘教は難事中の難事

矢島　法華経に「六難九易《ろくなんくい》」が説かれているように、末法の濁世《じょくせ》において正法を説くということは、難事中の難事なのです。また、釈尊ですら多くの怨嫉《おんしつ》を受けた。「況《いわ》んや滅度の後をや」と法華経にあるとおり、創価学会もありとあらゆる非難中傷を浴びてきました。だからこそ、折伏・弘教はもっとも尊い行為なのです。

葉庭　人に妙法を語ることそのものが、立派な聞法下種なのですね。でも、ときには厚い壁に直面して思い悩むこともありますが……。

矢島　**折伏・弘教を実践する人は「仏の遣《つか》い」です。私たち一人ひとりは、仏の遣いとして、仏から遣わされ、仏の仕事をしているのです。**

葉庭　そういわれると、なんだか希望が湧きますね。

学会員こそ地涌の菩薩

矢島　法華経には釈尊滅後の広宣流布を担う六万恒河沙《ろくまんごうがしゃ》という天文学的な数の「地涌の菩薩」が説かれている。大聖人が「日蓮等の類《たぐい》南無妙法蓮華経と唱え奉る者は皆地涌の流類《るるい》なり」（同751ページ）と仰せのように、大聖人直結で広宣流布を成し遂げてきた私たち学会員こそ「地涌」なのです。

そして、この地涌の菩薩一人ひとりは、おのおのがまた六万恒河沙の〝眷属《けんぞく》〟を従えていると説かれているのです。

葉庭　すごいですね！　僕たちはみんな、宿縁深き大勢の〝眷属〟を連れてこの世に出現しているのですね。

矢島　まず、そこを確信していきたいと思う。その確信で、正しい生き方を求めている人、悩んでいる人、そういう人と出会わせてくださいと御本尊に真剣に祈っていくことです。必ず出会えると思うよ。

葉庭　出会いを待っているのではなく、自分から戦いを起こすことが大事ですね。

矢島　もうひとつは、折伏はどこまでも慈悲の戦いだということです。相手の抱えている「苦悩」をしっかりと感じ取り、「同苦」していくことが大切なのです。

葉庭　わかっているようで、なかなか難しいことかもしれません。

矢島　たとえば病気になって医者にかかるとしよう。こちらの痛みや苦しみを的確に受け止めてくれて、「ああ、苦しいでしょうね。辛《つら》かったでしょうね。でも、これで楽になりますよ」と診察してくれる医者であれば、患者も安心して治療を受けられます。

葉庭　なるほど。冷たい顔でカルテに処方箋《しょほうせん》だけ書いて「はい、次の人」なんていう医者だったら、いやですよね。

矢島　衆生に同苦して、手をさしのべていくことこそが「仏の振る舞い」なのです。そして、折伏といっても、どこまでも自分自身の仏道修行でもあるのです。他者の痛みに無関心な自分を乗り越えて、同苦できる自分にならせてくださいと祈り、行動していくのです。わが生命に湧き出るその慈悲が、自分自身の悪業を転換していくのです。

葉庭　そういう人間性を伴わないまま相手の悩みや課題に触れても、場合によっては友人も、まるで弱みにつけこまれたように感じて、不信感を抱きかねませんね。

「如来の所遣」との自覚で！

矢島 そして、諸仏の悟りの法である南無妙法蓮華経を説き語るというのは、いわば本来は御本仏のなさることなのです。それを、われわれがお遣《つか》いとして語らせていただくのです。先ほど言った通り、「如来の使如来の所遣《しょけん》として如来の事《こと》を行ず」（同一七〇ページ）とあるとおりです。

葉庭 その根本を見失って、単なる「説明」や「説得」になってしまってはいけませんね。

矢島 そうです。どこまでも御本仏の名代として対話するのだという自覚が必要です。そして、その「如来の所遣」という自覚に立つならば、なにものをも恐れることはないのです。自分もまた苦悩を抱えた凡夫の姿ではあっても、大聖人様の名代《みょうだい》なのだ。御本尊におしたための三世十方の諸仏菩薩を全部引き連れているのだというくらいの確信でいきたいものです。

葉庭 うわぁ、そんなふうに考えると、メチャメチャ勇気が湧きます！ ちっぽけな自分流で「うまく喋《しゃべ》ろう」などと思うのではなく、御本尊への深き祈りを根本に、御本仏の名代としての堂々たる対話をしていかなければいけませんね。

矢島　そして、われわれは誉れある池田門下生なのです。世界一九〇カ国・地域に妙法を広めた、一閻浮提第一の折伏の闘将であられる池田先生の弟子なのです。

師匠に心を合わせて戦って、破れない壁などないのです。折伏の戦いもまた、どこまでも根本は「師弟」に徹することなのです。そのことを、ゆめゆめ軽く考えてはいけない。

葉庭　はい。よくわかりました。相手に語るといっても、結局は自分の中に乗り越えるべき壁があり、ちっぽけで冷たい自分自身を「生まれ変わったように」革命していくしかないのですね。どこまでも「師弟」を根本に、常に新しい気持ちで打って出ます！

16 栄光の「5・3」を晴れやかに

学会は三代会長と共に広宣流布を実現
今こそ師匠と心を合わせ弟子が戦いの先頭に！

葉庭　五月三日「創価学会の日」を迎えるにあたっての弟子の決意は何でしょうか。

矢島　全国の青年が、池田先生という師のもとに集い合い、誓いを立てて五月三日を迎えることができる。この時に巡り合うことができた身の福運、そして師匠との甚深の宿縁をかみしめて、断固、勝ち戦に打って出ようじゃないか！

葉庭　末法万年の歴史の中で、大聖人の仏法に巡り合い、「一閻浮提《いちえんぶだい》広宣流布」の指導者である池田先生と同時代に生まれ合わせ、先生を師と仰ぎ、先生と共に戦える人生を生きられることが、どれほどすごいことか。日々、そのことを実感しています。

矢島　大聖人は「設《たと》ひ法華経に値い奉るとも末代の凡夫法華経の行者には値いがたし」（御書1247ページ）と仰せです。妙法に巡り合えること以上に、正師に巡り合えることがいかに難しいかということです。

葉庭　五老僧は、師である大聖人がご入滅されたあと、弾圧を恐れ、また権威主義に流され、自分たちは「天台沙門《しゃもん》」、つまり天台門流であると名乗っていきました。そして、日興上人に敵対し、ことごとく大聖人の教えを破壊していったのです。要するに、五老僧は「法華経」を信じているつもりで、「法華経の行者」である師匠の真の偉大さ、広宣流布の意義が、まったくわかっていなかった。

学会の同志こそ「法華経の行者」

矢島　御書には、「誰をか当世の法華経の行者として仏語を実語とせん」（230ページ）と仰せだ。経文どおりの三類の強敵と戦い、「仏語を実語」とする人が「法華経の行者」である日蓮大聖人の実践なのです。

一閻浮提広宣流布は、釈尊の金言《きんげん》であり、御本仏・日蓮大聖人の絶対の御遺命《ごゆいめい》です。

大聖人の時代から七百年を経て、現実に世界広布の拡大を成し遂げたのは創価学会です。そしてそれは、

池田先生の存在があったればこそなのです。

葉庭　たとえば、日蓮宗各派も題目を唱えます。大聖人御真筆の本尊を所蔵している寺もあります。日顕宗にも形の上では題目と本尊はあります。しかし、彼らには大聖人の仏法を正しく受け継ぎ、広宣流布の実践をするという要件が決定的に欠けていると思います。

矢島　そのとおりです。究極はその実践にこそ、正しく大聖人の仏法を受け継いだかどうかが明確に現れる。三代会長が、大聖人と同じ広布の誓願に立ったからこそ、学会は正義なのです。また幾百万の同志が三代会長と共に広宣流布を実現してきたからこそ、学会は正義なのです。

葉庭　学会と共に生きることが、どれほど偉大か。そしてなにより、池田先生と共に戦えることが、どれほどありがたいことか。そのことを本当にわからなければなりませんね。

矢島　池田先生は青年に対し、あの昭和二十五年当時の苦闘を、何度も何度も繰り返し語ってくださっています。

葉庭　戸田先生の事業が破綻《はたん》し、社員たちが皆、戸田先生を罵《ののし》って去っていった時に、池田先生お一人が命がけで師匠をお守りしたのですね。

矢島　去っていった者たちには、戸田先生の偉大さがわかっていなかった。池田先生だけが、なんとしても戸田先生に第二代会長に就任していただき、広布の指揮を執っていただくのだと深く決意しておられたのです。そのために猛然と唱題に挑戦され、言語に絶する苦労をされて戸田先生を守られたのです。

葉庭　ただ一人、師匠のために祈り、師匠のために阿修羅のように戦われた池田先生がおられたからこそ、今の学会があるのですね。全部、そこに淵源《えんげん》があるのですね。

矢島　そうです。池田先生はこうスピーチされています。

「創立者を大事にするかどうかで、その団体の未来は決まる。私は師匠の戸田先生を、最後の最後まで守り抜いた。自分のすべてを捧《ささ》げて、先生と学会に尽くし抜いた。

〝師匠が健康で、長生きして、指揮を執ってくださる。それが最高唯一の幸せである〟

この一点を胸に、一直線に突き進んだ。だから、今日の学会の大発展がある。このことを、絶対に忘れてはならない」

師弟一体の祈りを根本に

葉庭　池田先生のおかげで、今や学会は世界一の仏教教団になりました。しかし、どんなに時代が変わろうとも、師弟の方程式は寸分も違《たが》えてはならない。そのことを、先生は後継の青年たちに厳しく教えてくださっているのだと思います。

矢島　ヒマラヤの頂上が絶えず烈風にさらされているように、広布の指揮を執る偉大な師匠に、障魔の嵐は常に吹きつけているのです。あまりにも弟子が師匠に守られていて、安閑《あんかん》となってしまっては、とんでもないことです。

葉庭　僕も、今までの甘えた考えを捨てて、師匠に襲いかかる一切の障魔を打ち破っていくのだと決めて祈り、その心で広布拡大に戦います。

矢島　自分には関係ないとか、広布を進める力がないなどと思ったら、もう師弟の精神はありません。

葉庭　師匠と共に戦い、厳然と勝利していく。僕も必ずそういう弟子になっていきます！

矢島　まず、僕らから弟子としての姿勢を革命していこう。そして、師匠と広宣流布の心が合えばどれほどの力が出るのかを、自分の勝利で証明していこうじゃないか！

17 英知を磨くは何のため

創価教育は三代にわたる師弟の誓いの結晶
学会は民衆のために戦う人材を陸続と輩出

葉庭　アメリカ創価大学では、卒業生の中から多くの人たちが、世界の超一流の名門大学院に進学していますね。

矢島　誕生してまもない大学としては異例中の異例です。通常、欧米の名門大学の大学院では、伝統の浅い大学の卒業生が合格することは難しいとされています。この一点をとっても、アメリカ創価大学がどれほど高く評価されているかを証明するものです。

葉庭　牧口先生が開かれた創価教育の水脈は、今や世界を潤《うるお》す滔々《とうとう》たる大河の流れになりましたね。

矢島　師の心を心として戦われた、創価の三代の師弟の大勝利です。日本国内では、幼稚園から大学院までの創価一貫教育が既に完成し、陸続と人材が各界に輩出されています。創大の通信教育も、広く庶民に門戸を開いています。社会で働きながら、何歳からでも大学生になれるのです。実業界、教育界、芸術界、政界、言論界等のあらゆる分野で創価同窓の友が雄々しく活躍。広布のリーダーとしても奮闘しています。

創価同窓の友が全世界で活躍！

葉庭　創価高校出身の国会議員も増え、慶応、麻布と並んで「御三家」といわれる時代になりました。全国津々浦々で庶民のリーダーとして活躍する友。世界各国で平和と文化の橋を架けるために戦っている友。今や、どこに行っても創価同窓の活躍を目にする時代になりました。

矢島　鋭い先見の目をもっておられた牧口先生は、百年も前に、世界は軍事、政治、経済の競争から、やがては「人道的競争の時代」になると見抜いておられました。つまり、「人材育成の競争」ということです。

葉庭　どれだけ人類に貢献する人材を輩出したかが価値の基準になるというわけですね。

矢島　創価教育の眼目も、まさにそこにあります。創価教育の原点として一九六八年に開校した創価学園の校訓の中には、「進取の気性に富み、栄光ある日本の指導者、世界の指導者に育て」という指針が明確に示されています。日本はもとより、全人類に貢献する人材よ育てという壮大な思想で、鳳雛《ほうすう》たちを育《はぐく》んできたのです。

葉庭　創立者である池田先生が創価教育に対して一貫して示されているのは、「英知を磨くは何のため」という問いかけだとうかがいました。

矢島　そのとおりです。

何のための教育か。何のための学問か。昨今、子どもたちが一番苦しんでいる根本も、この「何のために学ぶのか」ということが、わからなくなっているからではないだろうか。

葉庭　一方では、優秀な学歴を持ち、社会の重要な立場に就いた人々のモラルが問われるような事件があとを絶ちません。これもやはり、「何のための学問なのか」を見失ってきた結果ですね。

「学ばずは卑し」

矢島　教育がエリートを育てても、そのエリートが民衆を見下したり、民衆の存在を忘れてしまえば、もはや教育の敗北です。創価教育とは、そうした教育とは一線を画し、その人自身の可能性を開き、民衆の側に立って、民衆のために戦う人材を育《はぐく》む教育です。世界の第一級の知性が、創価教育に大きな期待を寄せる理由も、そこにあります。

葉庭　小説『新・人間革命』の「栄光」「創価大学」の章には、創立者である池田先生が、自らの印税をすべて投じられ、命を削る思いでこれらの教育機関を建設してこられた姿が、ありのままにつづられています。

同時に、その師匠の心をわが心として、自分はあるいは満足な教育を受ける機会すらなかった幾多の無名の庶民が、昔も今も、創価教育を支えてきたことを忘れてはなりませんね。

矢島　わが創価学会の源流は創価教育学会です。その意味で、創価教育の哲学は、なにも創価教育の学校に進んだ人だけのものではない。人々に、社会に、世界に貢献していくことは、そのまま学会の使命であり哲学です。「何のため」という問いかけを忘れず、生涯、自分を高めゆく正義の人こそ、真の創価教育の門下といえる。

葉庭 そうですね。戸田先生は創価学会の組織を「校舎なき総合大学」と言われたことがあります。全同志が、三代の師弟の誓いの結晶である創価教育の城を「わが母校」という思いで愛していくべきだと思います。そして、後継の人材に師匠の壮大な理想を語り、わが家から、わが地域から、学園に創大に人材を輩出していきたいですね。

矢島 「学は光」「学ばずは卑し」です。常に、今ある自分よりも一歩何かを学んでいこうという生き方を、貫いていきたいものです。

18 人間のための宗教

人は死んだらみんな仏様です
え〜母さんも仏様なの?
そうじゃよお花畑のキレイな世界で幸福にしておる
わ〜い
もう病気で苦しんでないんだネ
世界中の苦しんでる人全部
死んじゃえばいいんだネ
いやいやあのっ
母さんは僕が幸福に生きると一番喜ぶと思う
お母さんバカだネこの人

大聖人の仏法は、自身が勝利する希望の哲学！
日顕宗は人の「死」を食いものにする商売

矢島　現代の日本人にとっては、仏教と直接触れ合う機会というのは、葬儀か、彼岸や盆という行事くらいになっているのかもしれないね。

葉庭　葬式仏教といわれるように、大多数の日本人にとって今や仏教は、完全に「死を扱う宗教」になっているように思います。

矢島　その一点をとっても、創価学会が仏法本来の精神を生き生きと現代社会に復興させ、人間と社会をよりよく変革していく「生きた宗教」として世界に広めてきた事実が、どれほど偉大であるかがわかります。

葉庭　正反対に、まさに日顕宗などは「死」を食いものにする商売ですね。葬儀はもちろん、彼岸や盆というと信者に近づき、あの手この手で供養をむしり取っていくのです。家族や近しい人を思う人間の心情につけこんで、あくどい金儲《かねもう》けをしている。「お盆」の時期などは日顕宗にとって、またとない〝稼ぎ時〟だというわけです。

矢島　「お盆」は「盂蘭盆《うらぼん》」ともいい、七月あるいは八月に法要をしたり墓参りをしたりする風習が一般的だね。むろん、亡き有縁《うえん》の人を偲《しの》び追善することは各人の自由です。そのうえで、随方毘尼《ずいほうびに》という法理の上からも、仏法はそれぞれの地域の風習や文化を、仏法の本義にたがわないかぎりは受容してきました。

盂蘭盆の意義

葉庭　「人間のための宗教」だからこそ、人々の価値観や文化を尊重していくわけですね。しかし、風習から生まれたものと仏法の本義とを、きちんと立て分けていく賢明さを欠いてしまうと、日顕宗のようなインチキ坊主に騙《だま》されてしまう危険があると思います。

矢島　むしろ大聖人は、御書で「自身仏にならずしては父母をだにもすく（救）いがたし・いわうや他人をや」（1429ページ）と仰せられているが、ここが重要です。そこからは日顕宗のように、僧侶や儀式に依存しなければ故人が救われないという考え方は生まれませんね。

葉庭　たしかにそのとおりです。

矢島　大事なことは、自身の仏道修行です。「盂蘭盆御書」には、目連《もくれん》が爾前《にぜん》の教えを捨て法華経を信じ、南無妙法蓮華経と唱えたことによって、亡き父母も仏になれたと記されています。この御書を拝しても、寺や坊主の力で追善するという考え方は、大聖人の教えに真っ向から反するものだということがわかります。

希望と勝利の追善思想

葉庭　ところで、世間一般では、どういうわけか「死んだ人」が「仏様」になっていますね。これはもう、仏法とはまったく違う宗教じゃないですか。

矢島　しかも、僧侶が介在して儀式を行うことで、「死んだ人」が「仏様」になれるというカラクリなんか、本来の仏教の精神とはほど遠い。しかし、日本には案外、その「死んだ人＝仏様」に生きている人間が守ってもらうという漠然とした思想が、根強く染みついています。

葉庭　亡くなった人が極楽浄土などという別世界に行くという考え方では、生者と死者が切り離されてしまい、残された者は喪失感《そうしつかん》を味わうばかりです。ある意味では、手の届かないところに旅立った亡き人が、せめて「仏様」になってくれていると信じたいという心情も、わからないではありませんが。

矢島　だからこそ大聖人が示された「自身仏にならずしては父母をだにもすくいがたし」という考え方が大切になるのです。そこにはまず、「生死不二」「親子一体の成仏」といった、生死を超えた力強い絆《きずな》があります。

生きている側が断固として人生に勝利していくことで、故人の生命をも勝利させていくのです。

葉庭　すべては自分自身が勝っていくことで開ける！　亡くなった方を幸福にしていくため、荘厳していくために、自分自身が幸福になろう！　断固として勝っていこう！という素晴らしい哲学ですね。

矢島　人との死別は悲しいものです。ときには不慮の死や、無念の死の姿もあるでしょう。しかし、この大聖人の思想は絶望にうちひしがれている人を立ち上がらせていく「希望の思想」です。どこまでも、「人間よ強くあれ！」「賢明であれ！」と教える「勝利の追善思想」なのです。

葉庭　なるほど。あらためてそう考えると、とても新鮮ですね。追善というテーマひとつとっても、創価学会がどれほど人々に勇気と希望を与え、哲学を持った団体か、よくわかります。これでまた、友人に語っていくテーマができました。

19 自分自身を革命していこう

きのうまでの自分を越え新しい自分を建設しよう！
生まれ変わった決意で猛然たる祈りから出発

矢島　次の五十年、百年を決するといわれる今、師匠が一貫して教えてくださっていることは何か。それは、「生まれ変わったように自分自身を革命していく」ということです。リーダーから変わっていくのです。青年から変わっていくのです。

葉庭　きのうまでと同じ、去年までと同じ自分の延長線上で戦うのではなく、まったく新しい自己を建設せよということですね。

矢島　師匠が、いまだかつてない勢いで大闘争を繰り広げてくださっている。弟子の青年が、安閑としていていいはずがない。真の弟子ならば、「生まれ変わった」決意で、史上空前の大闘争に身を投じるべきです。

葉庭　はい。肝に銘じて戦いを起こしていきます。

矢島　本来、仏法そのものが、「今ある自分を変革せよ」「過去の自分を乗り越えて生きよ」と教えた宗教なのです。

葉庭　人間というのは、なかなか自分を変えたがらないものだという話を聞いたことがあります。「どうせ自分には無理だ」とか「自分は頭が悪いから」とか、ついつい挑戦しない理由にしてしまうことがあります。

矢島　そうだね。仏法の話を聞いても、「自分は今のままでも困らないから」と言って、信心する勇気を出さない人もいる。

葉庭　その反面、詐欺まがいの儲《もう》け話に簡単についていったり、霊感とか超能力とかいった類《たぐい》の話には、警戒心がないですね。

矢島　要するに、魔術のようにパッと外側の状況が変わることには憧《あこが》れても、現実と格闘して、自分自身を鍛え上げていくという視点が欠落しているのです。

葉庭　その点、学会の世界は正反対ですね。何かの行き詰まりを突破していった体験で、異口同音に皆が語ることは、「結局は自分が変わらなければならないことに気づいた」という一点です。

矢島　硬直《こうちょく》した〝決めつけ〟のまなざしで自分を見ない。その人は、他の人や他の文化に対しても、豊かな感情と視野を持てるのです。そして、「自身」が変われば「世界」が変わると教えているのが仏法なのです。

葉庭　池田先生も「一生成仏抄講義」の中で、「誰にでも、その変革の力が具《そな》わっている。この生命の真実に気づけば、いつでも、どこでも、どのような状況にあっても、その力を現実に開き顕《あらわ》していくことができます」「この『変革の道』の根幹となる実践が、唱題行なのです」と、教えてくださっています。

矢島　題目を唱えることが大事だとは、わかっている。しかし、何のための唱題行なのか。まさに、わが生命に「変革の力」を顕し、「変革の道」を開いていくための題目なのです。自分を革命していくための題目なのです。

戦う師子の題目を!

葉庭　師匠の指導を真っすぐに受け止めて、生まれ変わったように自分を革命していくのだと決めて、題目を唱えていくことが大切ですね。

矢島　あらゆる修行や鍛錬というのは、努力を習慣づけていくことから始まります。しかし、そこに目標がなくなり単なる義務にとどまってしまえば惰性になり、成長は止まってしまう。日々の勤行・唱題も同じです。

常に、「きのうまでの自分を越えて、新しい自分を建設していこう」という心で御本尊に向かっていくことです。

葉庭　「一生成仏抄講義」では、「広宣流布に戦う同志が唱える題目は、牧口先生、戸田先生が人類救済の大願成就のために唱えた題目と不二です。この戦う師子の題目を忘れてしまえば、師の題目と相違してしまう」とありました。

矢島　襟《えり》を正して、学んでいかなければならない点です。大聖人の心を心として、広宣流布の道を開いたのは学会の三代の会長しかいないのです。その、三代の会長の唱えた題目と不二の題目でなければ、創価学会の題目ではなくなってしまう。

葉庭　ある草創の大先輩がおっしゃっていました。題目を唱える時は、牧口先生、戸田先生、池田先生と一緒に唱題しているのだというつもりで御本尊に向かっていくべきだ、と。そう思えば、だらけた気持ちなどではできません。

矢島　師匠と一緒に唱題しているのだと思えば、広宣流布への大情熱が涌き上がってきます。いかなる祈りも叶《かな》えてみせるという、確信が生まれます。師匠に勝利の報告をしてみせようという誓願が生まれます。

葉庭　まず、リーダーである僕自身が先頭に立って、猛然たる祈りで自分を革命していきます！

20 怒《ど》濤《とう》の前進を開始しよう

青年は心して政治を監視せよ！
民衆への奉仕こそ政治家の真の使命

矢島　戸田先生は、「青年は心して政治を監視せよ」とおっしゃった。どんなに経済が豊かになっても、青年が社会の動向に無関心になり、自分の世界にしか興味を示さないような国は三流の国です。

葉庭　今の日本で、創価の青年ほど政治家に鋭い批判の目を向け、政治を監視し、また民衆が政治の主人公になるよう社会に働きかけている若者はいないと思います。

矢島　政治は一握りの権力者たちのオモチャではないのです。民衆を利用することしか考えずに、民衆を忘れて権力の争奪ゲームに明け暮れるような連中がいるならば、われわれ学会青年部が許さない。

葉庭　残念ながら、私たちが支援する公明党からも、支持者を利用するだけ利用して、醜《みにく》く私腹を肥《こ》やし、あげくの果てに大恩ある学会を陥《おとしい》れるような卑劣な連中が出ましたね。

矢島　今の若い青年たちからすれば、顔もよくわからない「昔の連中」かもしれません。しかし、血のにじむような支援で支えてくれた父母たちや先輩たちを騙《だま》し抜き、さんざん迷惑を掛けたうえに、学会攻撃をしている連中と手を組んだような人間です。絶対に許してはならない。

葉庭　具体的に悪人を責めていくことこそが、「老いたる父母の　築きたる　広布の城をいざ　護《まも》り抜け」（「紅の歌」）という学会歌にも通じることになるのですね。

矢島　今は池田先生のもと、学会は厳然と悪と戦い、広布の大道を突き進んでいる。しかし、これから先も悪人どもが出てくるだろう。その時に、青年が黙っているような学会になってしまっていたら、未来は悪人たちに好き放題に食い破られてしまう。

忘恩の輩を断じて許すな

葉庭　どの政党に限らず、民衆をうまく利用しようという薄汚い連中を許すことになりますね。

矢島　そうです。権力者にさんざん利用されても民衆が腹の底から怒れない。これが、日本の最大の弱点なのです。

何をされても「済んだことだ」といって、あいまいにしてしまうのなら、一番悪いのは民衆自身ということになります。

葉庭　党を裏切り、支持者を裏切った忘恩の連中を徹底的に責め抜くことそのものが、日本の精神革命になっていきますね。

矢島　魯迅《ろじん》の有名な言葉に「水に落ちた犬を打て」というのがある。もともと中国にあった言葉だそうですが、人に噛《か》みついて追い払われた犬が、自業自得で水に落ちたとする。そこで、哀れみを見せたり、もういいだろうと目を離すと、また岸にはい上がってきて噛みついてくるという、悪の本質を表した言葉です。

悪逆の権力者に対しては、相手が心底から謝罪し態度を改めるまで、徹底的に責め抜けと魯迅は言っているのです。

葉庭　友人の中には、「これまで支援しておきながら、学会を批判しただけで責め立てるのは、どうなのか」などという声もあります。

矢島　そうした友人には、真実を語っていくことが大事です。議員に在職中は、学会員に頭を下げて選挙のたびに当選させてもらい、引退して用が済めば「当時から学会に問題があった」などと言う。本当にそう思ったのなら、最初から議員を辞めるか、他党から出馬すればよかったはずです。この一点を見ても、彼らが国民を自分の手段にしか考えていなかったことは明白です。支持者が怒って立ち上がり、徹底的に責め抜くのは当然の話です。

真実を叫べ

葉庭　これまでにも、学会に対して理不尽な攻撃をしてきたような政治家は、たいてい他宗の支持を獲得しようとしていたり、選挙区で公明党候補とぶつかっていたり、要するに自分の利害で学会に牙《きば》をむいてきた連中ばかりですね。

矢島　そのとおりです。公明党から反逆していったような連中にしても、揃《そろ》いも揃って、陰で不正をはたらいていたり、身の程知らずに〝出世〟を狙っていたのが叶《かな》えられなかった腹いせだったり、引退後の名聞名利《みょうもんみょうり》を画策《かくさく》していたりと、やっぱりみんな自分の利害なのです。

葉庭　支持者の力で議員にしてもらい、支持者の力で活躍の場を与えてもらいながら、「自分に力がある」「自分は特別だ」と思い込んでいたのですね。そうでなければ、引退後は一学会員として、まじめに地道に広布のために戦うはずです。

矢島　選挙になると騒いだり、コソコソと謀略めいたことをするのは、後ろめたさがあるからです。

葉庭　自分の都合で宗教団体を攻撃したり、ネコをかぶったりするような連中は、絶対に信用できません。民衆のために尽くすのか、民衆を利用するのか、僕らがしっかりと監視していきます。

矢島　ともあれ、あいまいな言葉では悪は斬れないし、同志に勇気も送れません。青年が立ち上がろう！　青年が真実を学んで、明快な声をあげていこう！

21 全員が「広布の責任者」たれ!

青年が真実を学び極悪打倒の先頭に！民衆が主役の学会は「校舎なき総合大学」

葉庭　新しく入会したメンバーが、驚いていました。――学会に入って、今までの何倍も活字に目を通すようになった。『聖教新聞』『創価新報』『大白蓮華』はもちろん、池田先生の対談が連載されている月刊誌や、刊行された単行本など、学会の人たちがいかに多くの活字に触れ、日常的に学んでいるかを知ってビックリしました――と。

矢島　活字文化の衰退の危機が叫ばれている時代です。インターネットの普及もあって、世間では、一般紙すら購読部数が減ってきているという。たしかに、インターネットは情報を得るには便利な面もあります。しかし、玉石混淆《ぎょくせきこんこう》というか、無責任で不正確な情報も山のようにあふれている。頭脳を鍛え、精神を陶冶《とうや》していくような「言葉」との触れ合いは、やはり書き手や媒体《ばいたい》を峻別《しゅんべつ》し、しっかり「読む」という行為が不可欠です。

葉庭　これほど庶民が学んでいる団体は、ほかにはありません。創価学会が「校舎なき総合大学」と言われるゆえんが、よくわかりますね。

学会の根幹は師弟の精神

矢島　池田先生は「これからの学会で大事なことは、全員が『広布の責任者』との自覚に立つことだ。一人一人が、しっかりすることである。学会の根幹は『師弟』である。『信心』である。それさえ忘れなければ、恐れるものなど何もない」と、指導されています。

葉庭　「全員が広布の責任者」と言われていることを、肝に銘じたいと思います。

矢島　先生はまた、「今も私は、毎日毎日、戸田先生を思い、戸田先生と対話しながら、生き抜いている。戦い抜いている」とスピーチされています。一人ひとりが〝広布の責任者〟になるためには、常に師匠と心を合わせ、「師匠ならどうするか」と考えて行動する弟子でなければなりません。

葉庭　いくら口で「師弟」と語っていても、師匠を模範として行動せず、自分流でやってしまうのでは、師弟でなくなってしまいますね。

矢島　そのためにも、まず師匠のことを知っていくことが肝心です。池田先生が、どのように生きてこられたのか。どう戦ってこられたのか。何を目指してこられたのか。弟子であるからには、そこを学び抜いていくことです。

葉庭　池田先生は直接お会いしたことのなかった牧口先生のことまで知り抜いておられます。池田先生の指導を通して、牧口先生の偉大さをあらためて理解できたと、牧口門下の大先輩たちも語っておられましたね。

師の闘争に続け

矢島　師匠の偉大さを学んでいくといっても、そうした人間としての偉大さを見ていくことが出発点です。先生は、何よりも民衆を愛し、民衆を励まし、その「民衆」という一点に立って世界の指導者と語り合って、歴史を動かしてこられた。

先生の人間としての闘争、血の通った振る舞いを、自分自身の模範として受け止めていくことが大事なんです。

葉庭　先生はまた、広宣流布を阻もうとする敵やデマに対して、一歩も退くことなく戦えと、繰り返しご指導されています。

矢島 広布の責任者として立つということは、広布の敵を倒してみせるという責任感を持つということです。忘恩悪逆の日顕宗はもちろん、反逆した退転者たちや、彼らと結託したデマ雑誌、学会攻撃に狂奔《きょうほん》した一部の権力者たちが、どれほどの非道を重ねてきたのか。わが師匠が苦しめられ、侮辱《ぶじょく》されてきたのです。父母や大先輩たちが血の涙を流してきたのです。青年ならば、すべてを魂に刻みつけて、断固として決着をつけることを誓うべきです。

葉庭 「かたきをしらねば・かたきにたぼ（誑）らかされ候ぞ」（御書931ページ）との御金言を、先生も教えてくださっています。

矢島 そうです。金剛不壊《こんごうふえ》の創価学会を青年の手で築き上げていくためには、「広布の敵」の姿を知り尽くしておかなければならない。青年が無関心になってしまったり、あいまいなことしかわからないようになっては、誰が敵と戦うのか！

葉庭 池田先生は、入信まもない若いころから、年齢や役職がどうであれ、常に学会のすべての責任を担う覚悟で戦ってきたと語られています。私たちもまた、この先生の心を心として、広宣流布の全責任を担って立つ覚悟で、大いに学び、戦いを進めていきます。

22 よき仲間と友情を結ぼう

学会嫌い
話を聞かない
人を決めつけてレッテルを張ってるのは実はボクかもしれない
自分の中の壁をこわすのだ！
エイッ
ガン
どうしたんだ？
自分の軟弱さが一番の強敵かもしれない！

青年が広布拡大の先頭に！
真心の対話が友の心を開く。勇気を出して、まず会おう！

矢島　あの、「まさかが実現！」と世間を驚かせた「大阪の戦い」。半世紀前に、広布史に不滅の「大阪の戦い」の指揮を執《と》ったのは、当時二十八歳だった池田先生です。

葉庭　二十八歳ですか！

矢島　十九歳で入信されてから、まだ十年です。恩師・戸田先生の心を心とした一人の青年が立ち上がって、大阪中を駆け巡って、民衆勝利の金字塔を打ち立てたのです。

葉庭　先生は、わずか数カ月のうちに訪問指導だけで八千人の同志と会われたそうですね。会合や御書講義での出会いを含めると、凄《すさ》まじい数になるはずです。

矢島　広宣流布とは、一面からいえば内外に「友情」を拡大していくことなのです。経典にも有名な釈尊の言葉があります。

葉庭　どんな言葉ですか？

矢島　弟子のアーナンダが釈尊に質問をします。「私たちが善き友を持ち、善き友の中にいるということは、仏道の半ばを成就したことになると思いますが、いかがでしょうか」と。

釈尊は、こう答えた。「アーナンダよ、善き友を持ち、善き友の中にあるということは、仏道のすべてを成就したことになるのだ」

葉庭 よき仲間と友情を結んでいくこと。そういう開かれた心を持ち、人々を大切にしていける人間になるための信仰だということですね。

矢島 そうです。人間はともすれば、人を決めつけて、レッテルを張ったり、色眼鏡で見てしまいがちです。

葉庭 ああ、わかります。「あの人は、話を聞いてくれない人」「あの人は、学会嫌いの人」というふうに、決めつけてかかっていることがけっこうありますね。

自身の壁を破れ

矢島　もちろん、顔が違うように、世の中にはいろんなタイプの人がいる。しかし、壁を作っているのは、案外と相手ではなく、こちらの心の中であることも多いものです。

葉庭　表面的なことで、勝手に思い込んで決めつけてしまっているかもしれませんね。

矢島　人は、会ってみなければわからない。話してみなければわからない。また、歳月と共に人は変わっていくものです。以前は無理解だった人が、がらりと変わって宗教を求めるようになることもあります。さまざまな意味で、社会の中で創価学会の存在が重視される時代になってきました。世界はさらに進んで、池田先生を「人類の師匠」と仰ぎ見ているのです。

葉庭　前人未到の、世界の名門学府からの二百を優に超える知性の宝冠が、なによりも雄弁に物語っていますね。これほど世界から尊敬されている哲人は、ほかにいません。

大胆に行動を！

矢島　「大阪の戦い」にあたって、池田先生は「第一に大胆たれ、第二に大胆たれ、第三に大胆たれ」という精神で臨まれました。青年ならば、大胆に、思い切って行動していくべきです。勇敢に、堂々と対話していくことです。

葉庭　御書にも、「勇気」について触れられた御文は多いですね。「すこしも・をづる心なかれ」（1084ページ）、「法華経の剣は信心のけなげなる人こそ用る事なれ鬼に・かなぼうたるべし」（1124ページ）、「ふかく信心をとり給へ、あへて臆病にては叶うべからず候」（1193ページ）など有名です。

矢島　考えてみれば、御本尊の相貌《そうぼう》の中には、釈迦・多宝の二仏や地涌の四菩薩だけでなく、もともとは他宗教の神である梵天《ぼんてん》・帝釈《たいしゃく》や、本来は悪鬼であった鬼子母神・十羅《じゅうら》刹女《せつにょ》など、さまざまな衆生がしたためられています。

御本尊の姿そのものが、思想や立場を超えた美しい人間共和の世界、広々とした友情の世界と拝することもできるかもしれない。

葉庭　すべての人に妙法の風を送り、すべての人を広宣流布の味方にしていくことができる御本尊ですね。

矢島　ともあれ、大事なことは、まず祈っていくことです。〝広宣流布の新たな共感層を広げていきます〟〝真剣に仏法を求めている人と出会わせてください〟と、僕たち自身の側が拡大の息吹《いぶき》に燃えて祈っていくのです。

葉庭　そして、大胆に行動に移し、青年らしく語っていくことですね。

矢島　「まさかが実現！」の師匠の戦いから半世紀。今度は、池田門下の弟子の青年が、全国の津々浦々で対話の大旋風を巻き起こし、友情の大波を広げて、世間がアッと驚くような勝利を飾ろうじゃありませんか！

23　一年の総仕上げを大勝利で！

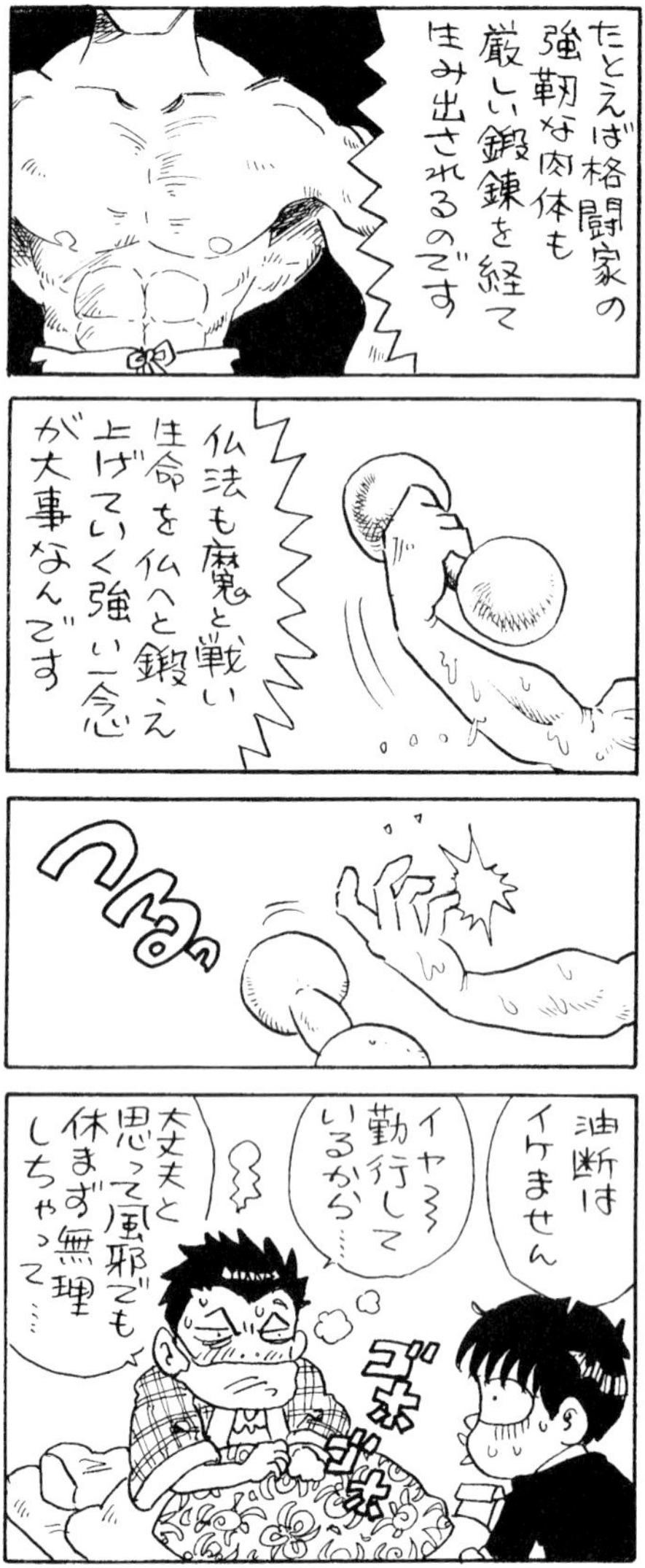
たとえば格闘家の
強靭な肉体も
厳しい鍛錬を経て
生み出されるのです
仏法も魔と戦い
生命を仏へと鍛え
上げていく強い一念
が大事なんです
つるっ
油断は
イケません
イヤ〜
勤行して
いるから……
大丈夫と
思って風邪でも
休まず無理
しちゃって……
ゴホ
ゴホ

師と呼吸を合わせ、一日一日を前進しよう！
自身の無明を打ち払い「一凶」を破る信心を

葉庭　今年もあっという間に、もう一年の最終盤です。男子部のメンバーは、最後まで内外の友への対話に挑戦しています。

矢島　有名な御書の一節があるね。「譬《たと》えば鎌倉より京へは十二日の道なり、それを十一日余り歩《あゆみ》をはこ（運）びて今一日に成りて歩をさしをきては何として都の月をば詠《なが》め候べき」（1440ページ）

何ごとも最後の一瞬まで戦い抜くことです。

葉庭　一年を「十二日」で考えれば、今まさに「十一日余り」のところにさしかかっています。

矢島　そうだね。同時に、今は新しい年への助走となる時期です。本年を完ぺきに仕上げるのはもちろん、新しい年の完勝へ向けて、今から知恵を練り、猛然と勢いを出していかなければならない。

葉庭　新しい年が明けてから、「さあ、どうやって戦おうか」なんて考えていたらダメですからね。

矢島　大聖人は「謀《はかりごと》を帷帳《いちょう》の中に回《めぐ》らし勝つことを千里の外に決せし者なり」(御書183ページ)と仰せです。若き日の池田先生もまた、常に戦いに臨んでは、事前に入念に戦略を練り、いざ戦闘開始となれば、電光石火で実践に移していかれた。

葉庭　僕たちも、一つ一つの場面をゆるがせにせず、師匠を鏡として、自分を訓練していかなければなりませんね。

矢島　そうです。一日一日が積み重なって一年となり、一生となっていくのです。今の一瞬に全力を出せない人間が、人生に勝ちゆけるはずがないのです。

葉庭　本年を完ぺきに仕上げ、新しい年を勝利で飾るためには、何が大事でしょうか。

自身の魔と戦え

矢島　さまざまに言えるかもしれないけれども、やはり根本は「一凶と戦う」という心です。仏法は、悪と戦って、魔と戦って、これを倒して仏になっていく教えです。われわれ青年は、このことを夢にも忘れてはならない。

葉庭　魔と戦って、魔に打ち勝っていくから仏になれるのですね。

何であれ、真剣に戦えば、魔が競うのがあたりまえです。怯《ひる》んだり慌てたりするのではなく、「仏になるチャンス到来」と喜んで迎え打っていけるような青年でありたいです。

矢島　重ねて御書を拝しておこう。「『行解《ぎょうげ》既に勤めぬれば三障四魔紛然《ふんぜん》として競い起る乃至《ないし》随う可らず畏《おそ》る可らず之に随えば将に人をして悪道に向わしむ之を畏れば正法を修することを妨《さまた》ぐ』等云云、此の釈は日蓮が身に当るのみならず門家の明鏡《めいきょう》なり謹《つつし》んで習い伝えて未来の資糧《しりょう》とせよ」（１０８７ページ）

「しを（潮）のひると・みつと月の出づると・いると・夏と秋と冬と春とのさかひ（境）には必ず相違する事あり凡夫の仏になる又かくのごとし、必ず三障四魔と申す障《さわり》いでき

たれば賢者はよろこび愚者は退くこれなり」（１０９１ページ）

葉庭　本当に、御書には明快に説かれていますね。

矢島　たとえば、凄《すさ》まじいパワーを持った格闘家の強靱《きょうじん》な肉体も、厳しい鍛錬を経て生み出されるものです。普段の生活と変わらない楽な動作をしていたって、何のトレーニングにもならない。大変な重量とか、激しい動きとか、今ある筋肉の細胞や繊維を破壊していくような負荷《ふか》が加わるから、逞《たくま》しい筋肉が作られていくのです。

葉庭　なるほど。魔を呼び起こし、魔と戦い、わが生命を仏へと鍛え上げていくという仏法の方程式に、通じるものがあります。

広布を阻む魔性を許すな

矢島　おっかなびっくりで、怯《おび》えながら戦うのではない。満々たる生命力で、仏の生命の大風を吹かせて、魔の暗雲を吹き払っていくのです。信心の利剣で、魔性を叩《たた》き斬《き》っていくのです。

葉庭　対話をしていくうえでも、「魔を打ち破る」という一念は重要だと思います。

矢島　もちろん、青年らしく、内外の友とすがすがしく語らっていくのです。威勢がいいだけの言葉や、背伸びをしたような話など必要ない。誠実に、真剣に、明快に、爽《さわ》やかに、交流していくのです。

しかし、広宣流布を阻む魔性を許さないという一念が燃えていなければならない。デマを許さない。相手を仏法から遠ざけ、幸福から遠ざけようとしている魔性の一凶を、断じて打ち破っていくという、奥底の一念が重要ではないだろうか。

葉庭　個人の「人間革命」の戦いと、人類を救う「広宣流布」の戦いは、天体の自転と公転のようなものだと教えていただいたことがあります。

自分自身の無明を打ち払い、「一凶」を破っていく信心と、広宣流布を阻む障魔と戦う信心も、同じ関係ですね。

矢島　**自分の一凶と戦うところから一切は出発する。同時に、広宣流布の敵という大きな魔性と戦う時に、自**

分を苦しめている障魔を軽々と粉砕していけるのです。

葉庭　だから、日顕宗や、忘恩の反逆者たちを絶対に許さないという強い一念が大切なのですね。

矢島　師匠は、全同志の矢面《やおもて》に立って、全人類の未来を開くために、障魔と戦われている。師匠と心を合わせていくということは、具体的には、師匠が戦われている同じ敵と、自分も真剣に戦っていくことなのです。学会の前途を阻むものは、なにものであっても許さない。断じて打ち破っていくという心で、弟子もまた一日一日を前進していくのです。

葉庭　新しい年の大勝利に向けて、エンジン全開で助走を開始していきます！

24 師匠の勝利は弟子の戦いで決まる！

毎日の勤行にはそんなスゴイ師弟のドラマが書かれてあったんですかっ
でも舎利弗さん落ち込んだでしょうネ皆の前でそんなこと言われて……
ところがネ……仏のネ……
真意はネ……
うわ〜っ
深いっ
はいっ
これを読んでるあなた！勤行したくなったでしょっ
ビッ

法華経は全編を通して師匠の偉大さを宣揚
師と同じ決意で戦うのが学会の師弟不二の精神

矢島　ここでクイズを出そう。法華経二十八品の中で、釈尊の説法の第一声は何だかわかるかい？

葉庭　エエッ？　法華経全体の中でですか。そんなの考えたこともなかったです。

矢島　じつは、君もよく知ってる言葉なんだよ。いいかい、序品《じょほん》第一で、師である釈尊は霊鷲山《りょうじゅせん》にいて、無量義処三昧《むりょうぎしょさんまい》という禅定《ぜんじょう》に入っている。序品では、その釈尊のいる霊鷲山に、続々と大衆が集まってくる光景が描かれている。

葉庭　ちょっと『妙法蓮華経並開結』（創価学会版）を開いてみますね。本当だ、有名な高弟たちをはじめ、なんだかすごい数の大衆が、釈尊のもとに集合してきますね。

矢島　阿闍世王《あじゃせおう》のように実在の人間の国王も来れば、別の国土から来たような珍しい名前の王たちも描かれているね。

葉庭　なんだか、全国のさまざまなグループの代表や世界各国のメンバー、来賓まで参加する学会の会合に似ています。

矢島　もちろん、現実の霊鷲山には、いくらなんでもこんなに何万や何十万という人数は入れない。これは、釈尊己心のストーリーともいえるし、法華経の普遍性と壮大さを表現するための譬喩《ひゆ》ともいえるね。

葉庭　ともかく、これから大事な法門が説かれる緊迫した空気が感じられますね。

矢島　そうだね。さあ、そして場面は方便品第二に移るよ。「爾《そ》の時、世尊《せそん》は三昧《さんまい》従《よ》り安詳《あんじょう》として起《た》ちて、舎利弗《しゃりほつ》に告げたまわく」と始まる。

葉庭　ああ、いつも読誦《どくじゅ》する方便品の冒頭ですね。大衆が集合し終わって、いよいよ釈尊が無量義処三昧から立ち上がられて、法華経の説法を開始されるわけですね。

矢島　そして、第一声だ。「諸仏の智慧《ちえ》は甚深無量なり」。こう、釈尊は語り始めるのです。しかも、「舎利弗に告げたまわく」だよ。

葉庭　釈尊の説法を待っていた大衆を前にして、釈尊はあえて智慧第一と言われた高弟の舎利弗に向かって語ったというのですね。

矢島　そう。諸仏の智慧がどれほど深く偉大であるか。「一切の声聞《しょうもん》・辟支仏《ひゃくしぶつ》の知ること能《あた》わざる所なり」と、あえて大衆ではなく舎利弗に厳しく言っているのです。

葉庭　その場にいた人々はビックリしたでしょうね。師匠である仏がどれほど偉大であるか、智慧第一と言われた舎利弗でさえ「知ること能わざる所なり」って、言われたのですから。

矢島　人々はきっと、師匠に対する自分の姿勢を改めたと思うよ。わかったつもりで、師匠を軽く考えていてはいけないんだ、と。

そして、釈尊はその理由として、「仏は曽《かつ》て百千万億無数《むすう》の諸仏に親近《しんごん》し、尽《ことごと》く諸仏の無量《むりょう》の道法《どうほう》を行じ、勇猛精進《ゆうみょうしょうじん》して、名称《みょうしょう》は普《あま》く聞こえ……」と語っていきます。

葉庭　なるほど。仏自身が、過去においてどれほど師匠に仕え、師匠のもとで偉大な闘争に身を捧《ささ》げてきたかが語られているわけですね。

矢島　そうです。

無条件に仏だから偉いという話ではない。仏自身が、

誰よりも師匠を守り、師匠のために戦って勝ち抜いてきたからこそ、偉大な境涯を築ききったのだということです。

葉庭　朝晩読んでいる方便品の冒頭に、そんな偉大な物語が説かれているなんて気がつきませんでした。

矢島　諸経の王と言われ、釈尊の出世の本懐《ほんかい》である法華経を貫く師子吼《ししく》の第一声は、師の偉大さの宣言であり、師を守り、師のために戦い抜く重要性を訴えたものだと言ってよいと思う。

葉庭　そう考えると、法華経の中には「師匠の偉大さ」を讃《たた》える言葉がたくさん出てくる気がします。

矢島　そのとおりです。法華経は、全編を通して「師匠の偉大さ」を宣揚する経典ともいえる。ただし、法華経は同時に「師弟不二」を説いた経典です。釈尊自身が「我が如《ごと》く等《ひと》しくして異《こと》なること無《な》からしめん」と誓願を述べています。

法華経の誓願

葉庭　弟子を師匠と同じ境涯に引き上げていくことこそ、法華経の誓願なのですね。

矢島　そうです。そのために、弟子に対して「師匠のごとく戦え」と呼びかける経典なのです。決して、単に師匠だけを神秘化したりするのではない。弟子の目指すべき頂《いただき》の高さを示し、その人間革命の方途を示すために、師匠の闘争と偉大さが説かれているのです。

葉庭　次元は異なりますが、これはわが学会にも通じる方程式ではないでしょうか。

矢島　僕もそう思う。池田先生も今、われわれ青年に対して、ご自身が青春時代にどれほど戸田先生に仕え切り、戸田先生をお守りし、戸田先生の不二の分身として、連戦連勝の偉大な歴史を残したかを、繰り返し繰り返し語ってくださっている。

葉庭　それは、創価後継のわれわれ青年に、最重要の勝利の方程式を教えられているのですね。

矢島　法華経に示された「如我等無異《にょがとうむい》」の原理は、そのまま創価学会の「師弟不二」の精神です。師匠の偉大さを語り宣揚していくことは、じつはそのまま、後継の弟子の秘められた可能性の宣言なのです。

葉庭　〝師匠は偉大である。しかし弟子は価値のない存在だ〟というのでは、仏法ではなくなってしまいますね。師匠の偉大さは弟子の戦いで決まるのですね。

矢島　だからこそ、師匠が繰り返し語られることを、漫然と聞き流してしまってはいけないのです。創価学会の未来まで伝えゆく、最重要の勝利の方程式を教えてくださっている。あとは、そのとおりに弟子が実践して、現実の上に「如我等無異」「師弟不二」の勝利の実証を示すことなのです。

葉庭　心の底から勇気が湧いてきました！　今度は、われわれ池田門下生が、師匠に仕え切り、師匠を守り切って、大勝利の金字塔を打ち立てる番です！

25 池田門下の闘争を勝ち飾れ

君も大地をたたき割って涌出してきた『地涌の菩薩』だっ
何を悩んでいる！
バーン
ものスゴイ仏力・法力が具わっているのだぞォ
ガツ
あうっ
出てくる時きっとボクだけ……
何だよ言ってみ？

広布の全責任を担う「本門の弟子」に！
偉大な師匠と共に痛快な勝利の劇を

葉庭　池田門下生から学会の最高首脳陣が誕生しました。先生は「本門の時代」とおっしゃってくださいました。

矢島　迹門《しゃくもん》と本門についてはさまざまに論じられると思うけれども、弟子という視点から見れば「地涌《じゆ》の菩薩」の登場こそが法華経本門の重要な展開です。前半の迹門で登場していたのは、文殊《もんじゅ》・普賢《ふげん》・観音《かんのん》・弥勒《みろく》といった「迹化《しゃっけ》の菩薩」たちや舎利弗《しゃりほつ》・目連《もくれん》・迦葉《かしょう》といった十大弟子でした。

葉庭　後半十四品の冒頭、従地涌出品《じゅうちゆじゅっぽん》第十五で、無数の菩薩が大地の底から涌出してくるのですね。これが「地涌の菩薩」です。

矢島　この菩薩たちについては「大神通《だいじんつう》あり」「智慧は思議《しぎ》し叵《がた》し」「志念《しねん》は堅固《けんご》にして」「大忍辱力有《だいにんにくりきあ》り」「昼夜に常に精進す」「心に畏《おそ》るる所無し」等々と描かれています。（創価学会版『妙法蓮華経並開結』458ページほか）

葉庭　釈尊滅後の広宣流布について、迹化の菩薩たちが誓願したのを制止して、釈尊は地涌の菩薩を呼び出したのでしたね。

矢島　そうです。滅後の広宣流布、とりわけ濁悪《じょくあく》の末法に広宣流布していくことは、地涌の菩薩でなければでき得ないからです。

地涌の菩薩は、どこまでも求道者として法を求めながら、同時に仏界の大地から涌き出て衆生を救いゆく、〝菩薩仏〟なのです。

葉庭　涌出品には「我れは久遠《くおんよ》従り来《このかた》　是れ等の衆を教化《きょうけ》せり」（同467ページ）と、地涌の菩薩たちが釈尊と久遠の過去以来の師弟であったことが明かされています。

矢島　地涌の菩薩たちが迹化の菩薩たちと決定的に違っていたのは何か。それは久遠以来の「師匠との宿縁」です。今世でたまたま師匠に巡り合ったのではない。久遠の昔から、師弟の絆《きずな》を結び、常に師弟一体で生まれては共々に広宣流布に戦ってきた。自ら誓願して、師と共に生まれ合わせ、三類の強敵を打ち破って戦い勝ってきた師弟なのです。

葉庭　この末法広宣流布を開く「地涌の菩薩」の上首上行《じょうしゅじょうぎょう》菩薩の再誕とは、もちろん日蓮大聖人のことですね。そのうえで大聖人は、地涌の菩薩について「日蓮と同意ならば地涌の菩薩たらんか」「末法にして妙法蓮華経の五字を弘めん者は男女はきらふべからず、皆地涌の菩薩の出現に非ずんば唱へがたき題目なり、日蓮一人はじめは南無妙法蓮華経と唱へしが、二人・三人・百人と次第に唱へつたふるなり、未来も又しかるべし、是あに地涌の義に非ずや、剰《あまつさ》へ広宣流布の時は日本一同に南無妙法蓮華経と唱へん事は大地を的《まと》とするなるべし」(御書1360ページ)と、明確に仰せられています。

矢島　大聖人と同じ心で立ち上がり、経文どおりの大難を受け、自行化他の題目を唱えて、日本はもとより世界一九〇カ国・地域に広宣流布をしてきたのは、創価の三代の師弟であり、学会員しかありません。

葉庭　これは、だれびとも否定できない厳然たる事実です。とりわけ、法華経が明言し、日蓮大聖人が予言された一閻浮提広宣流布は、池田先生によって現実のものとなりました。小説『新・人間革命』にも、その壮絶な戦いの歴史がつづられています。

矢島　後世、幾百年、幾千年先の人類は、まばゆい思いで、池田先生とその弟子たちの戦いを仰ぎ見るにちがいない。今、師匠と共に戦える一日一日が、どれほどすごいことか。ありがたいことか。

葉庭　その池田門下生の中から、今や会長・理事長が誕生しました。

矢島　先生は「本門の時代」について、こう語ってくださった。「それは汝自身の生命に具《そな》わる『如来秘密神通之力《にょらいひみつじんつうしりき》』という究極の『仏の力』を発揮する時代である。

真の広宣流布の使命を持つ偉大なる『地涌の菩薩』の大陣列が立ち上がる時が来た。

我ら創価の師弟が——共に永遠に連なる、深く尊き師弟が、いよいよ仏法の真髄の法力・仏力を無限に、そして思う存分に出し切っていく時代が到来した」

葉庭　地涌の菩薩は、師である仏と同じ「如来秘密神通之力」が出せる。仏法の真髄の法力・仏力が具わっているのですね。わが生命の底力を発揮していく時が、いよいよ到来したということですね。

矢島　師弟といっても、どこまでも弟子の自覚の問題です。ともあれ、今こそ迹門から本門へ、自分自身を発迹顕本《ほっしゃくけんぽん》していく時です。深く深く決意し、強盛の信心を奮い起こし、地涌の菩薩としての本地を輝かせゆくと決めて、偉大な力を発揮していくのです。

葉庭 はい。どこまでも信心で立ち上がり、信心で戦い、信心で勝利していきます！

26 〝いよいよ〟の決意で拡大に驀進

「3・16」から「4・2」へ青年が戦いの先頭に！弟子の勝利こそが〝広布後継の証し！〟

葉庭　「伝統の二月」を勝ち越えて、「広布後継の三月」がやってきました。

矢島　三月は、古くは「弥生《やよい》」とも言ったね。「弥生」とは「弥（いよいよ）生まれる」だ。万物が芽吹く春、われわれ青年も、いよいよ生命力を燃え上がらせて、驀進《まいしん》するのだ！

葉庭　そして、学会も「3・16」から「4・2」、そして「5・3」へと、重要な佳節を刻んでいきますね。

矢島　そう。これらはすべて師匠から弟子へ、広宣流布のバトンが受け継がれていった重要な節目です。

葉庭　ちょうど地区でも、新入会のメンバーや、新たに未来部・学生部から進出してきたメンバーと一緒に、「3・16」の意義について学び合っているところです。

矢島　大事なことです。一九五七年（昭和三十二年）の暮れに、学会は戸田第二代会長の願業であった七十五万世帯をついに突破します。そして、明けた五八年（同三十三年）三月、総本山に時の首相を迎えることになった。

葉庭　この年の三月、総本山に学会の寄進で本門大講堂が落慶《らっけい》しました。戸田先生と親交のあった当時の首相は、当初は落慶法要に出席したいと言っていたのが来られなくなり、後日、三月十六日にあらためて訪問したいと連絡があったのですね。

矢島　戸田先生はその豪放磊落《ごうほうらいらく》な人間的魅力で、首相となった人間とも堂々と友情を結んでおられた。

それで、これを一つの機会ととらえられ、青年たちで首相の来訪を迎えようということになったのです。

葉庭　急きょ、全国の青年部に〝三月十六日に戸田先生の待つ総本山に集まるように〟との報が飛んだのですね。今と比べれば通信事情も交通事情も格段に悪い時代で、なによりも皆、貧しい青年たちでした。何が行われるのかもよくわからないまま、それでも電光石火で六千人もの青年たちが師匠のもとに馳《は》せ参じました。

「宗教界の王者」

矢島　すべての采配《さいはい》をふるったのが、戸田先生のもとにあった池田先生でした。しかし、当日の朝になって、首相の訪問は中止になり、代理で家族が来ることになります。一般紙の報道によれば、箱根に滞在していた首相に、訪問を中止するよう働きかけた悪辣《あくらつ》な議員がいたようです。

戸田先生は、そうした畜生のごとき謀略を悠然と見下ろされながら、集まった六千人の青年を前に、病身をおして式典を挙行してくださった。これが、「3・16」と呼ばれる「広宣流布記念の日」の式典です。

葉庭　小説『人間革命』第12巻に、戸田先生の言葉が記されています。「広宣流布がなされれば、首相をはじめ、各界の指導者がこの仏法を信奉して、世界の平和と繁栄を祈念する日がやって来る。いや、その時代を、青年の手で、かならずつくっていくのだ。伸一、僕は、この三月十六日の式典を、広布の印綬《いんじゅ》を君たちに託す儀式にしようと思っているのだよ。この式典の全責任は君がもつのだ」

矢島　集まった六千人の青年は、あるいは六万恒河沙《ろくまんごうがしゃ》の地涌の数にも通じるかもしれない。その青年たちを前に、戸田先生は「創価学会は、宗教界の王者である！」と宣言されます。それは、七十五万世帯の折伏という願業を成就されて、広宣流布の一切を後継の青年に託す崇高《すうこう》な儀式だったのです。

葉庭　小説『人間革命』には、大講堂落慶の式典を終えられてエレベーターに乗り込まれた戸田先生が、山本伸一に語りかける場面が描かれています。「さあ、これで、私の仕事は終わった。……伸一、あとはお前だ。頼むぞ！」

矢島　この「3・16」の儀式は、まぎれもなく戸田先生から青年部へ、なかんずく池田先生へと、広宣流布のバトンが渡された崇高な式典だったのです。戸田先生が七十五万世帯の折伏を宣言して第二代会長に就任されてからの七年間、蒲田の「二月闘争」をはじめとして、池田先生が全国各地で連戦連勝の指揮を執ってこられた。七十五万世帯の達成は、池田先生という不二の偉大な弟子の存在なくしては成就し得なかったことなのです。

葉庭　学会として初めて国政選挙の支援にかかわった一九五六年の戦いも、池田先生が指揮を執られた大阪は「まさかが実現」とマスコミさえ驚いた大勝利をおさめました。

弟子の手で、民衆の偉大な勝ち戦をやりきったのですね。

矢島　そうです。

弟子が戦って、弟子が痛快に勝ってみせたからこそ、戸田先生は広宣流布の一切を青年に託すことができたのです。弟子の勝利こそが、師匠からのバトンを受け継ぐ絶対条件なのです。

葉庭　「3・16」から半世紀。池田先生は世界に冠たる創価学会をつくりあげてくださいました。一九〇カ国・地域へと妙法を広め、一閻浮提広宣流布の御金言を現実のものとしてくださいました。今や、世界各国の国家元首や各界の指導者、人類最高峰の知性たちが、創価学会を称賛し、人類の未来を開く英知を求めて、池田先生のもとを訪れる時代が到来しています。

矢島　この半世紀の間もなお、弟子が戦い、弟子が勝って、創価の威勢を天下に知らしめ、師匠の偉大さを世界に証明し続けてきたのです。

葉庭　「3・16」は決して過去の記念日ではないのですね。現実の社会の中で勝ちゆく弟子が、師匠から広宣流布の印綬《いんじゅ》を受け取る永遠の方程式なのですね。

27 「断じて勝つ」との一念で前進

断じて勝つと
決めるんだよ
葉庭君
それが
大聖人の
戦いだった
のです
いやっいやっ
大聖人と同じ
戦いじゃなく
て…ネッ
君は
君の戦い
で絶対に
勝つと決めるのっ
つまり…
ぼそっ
絶対勝てる敵と
だけ戦うと決める
ことじゃなくてネッ
あのネッ
本当は
分かってるん
ですけどネ

創価の青年の熱と力ですべてを開け！
学会の正義の闘争こそ民主主義の模範！

葉庭　生き生きと対話の波を広げていくなかで、学会の平和・文化・教育などの運動に対して、ずいぶんと社会の理解が進んできたなという実感があります。

矢島　私たちが展開する人間主義の正義の言論戦を、世界の第一級のリーダーや識者たちが支持しています。世界からの二百を超す「英知の宝冠」は、その一つの証左《しょうさ》です。広々とした生命で、気宇壮大《きうそうだい》に戦おうじゃないか。日蓮大聖人は、たったお一人で当時の日本国の権力の魔性と戦われた。『御書』の随所には、「天を味方に戦うのだ」という大聖人の師子吼が記されています。

葉庭　「日蓮も又此の天を恃《たの》みたてまつり日本国にたてあひて数年なり、既に日蓮かちぬべき心地す」（１１４６ページ）という御文もありますね。

「私は断固として勝ってみせたという思いでいる」という、大聖人の勝利宣言と拝せます。

偶然ではない師匠との出会い

矢島　大聖人は、佐渡流罪中に、同じく流刑者として佐渡に滞在していた最蓮房と出会い、師弟の絆《きずな》を結ばれます。

「過去の宿縁《しゅくえん》追い来つて今度日蓮が弟子と成り給うか・釈迦多宝こそ御存知候らめ、『在在諸仏土常与師倶生《ざいざいしょぶつどじょうよしぐしょう》』よも虚事《そらごと》候はじ」（御書1338ページ）という、感動的な励ましを贈られている。

葉庭　師匠と出会えることは、今世の偶然などではなく、久遠からの誓願の結果なのだと教えられているのですね。

矢島　さらに大聖人は、この最蓮房に対して一つの〝約束〟をされています。御書の、ここに出てくるね。

葉庭　拝読します。「余りにうれしく候へば契約《けいやく》一つ申し候はん、貴辺の御勘気疾疾許《ごかんきとくとくゆり》させ給いて都へ御上り候はば・日蓮も鎌倉殿は・ゆるさじとの給《たま》ひ候とも諸天等に申して鎌倉に帰り京都へ音信《おとずれ》申す可く候、又日蓮先立つてゆり候いて鎌倉へ帰り候はば貴辺をも天に申して古京《こきょう》へ帰し奉る可く候」（同1343ページ）

矢島　もし幕府から赦免《しゃめん》されることがあれば、大聖人は鎌倉に戻られ、最蓮房は京都に戻ることになる。

師弟の出会いを喜ばれた大聖人は、〝もし最蓮房が赦免されて京都に戻ったならば、幕府が大聖人を赦免しないと言っても、私は天に命じて鎌倉に戻り、あなたに連絡をしましょう。また、私が先に鎌倉に戻ることになれば、私が天に命じてあなたを京都に帰してあげましょう〟と、約束されているのです。

葉庭　このお手紙は、罪人として佐渡に流刑されている最中に記されたものですよね。普通なら考えられない内容です。

矢島　これが絶体絶命の大難の中で、権力の魔性と戦われる御本仏の境涯だったのです。傲慢《ごうまん》な権力者など、はるかに見下ろされた悠然たるお姿です。

葉庭　大聖人の胸中には、「断じて勝ってみせる」という燃え上がるような情熱と確信があられたのだと思います。

正義の証明を

矢島　もちろん、天に命じてといっても、魔法のように鎌倉に帰るという話ではない。つまり、厳然たる現証をもって、大聖人の正しさが天下に証明されて、赦免となるわけです。

葉庭　権力の魔性を打ち倒し、邪悪な勢力を黙らせるだけの「正義の勝利」の現証が必要だったのですね。

矢島　大聖人は囚《とら》われの身であられながら、猛然たる祈りで権力者と戦われたのです。「いそぎ・いそぎ国土にしるしを・いだし給え」（同927ページ）「いよいよ強盛に天に申せしかば」（同ページ）と、一歩も退かずに正邪の決着をつけられようとされた姿がうかがえます。

　そして、大聖人の予言どおりに自界叛逆《じかいほんぎゃく》の結果と他国侵逼《たこくしんぴつ》の様相がいよいよ現実となり、幕府の中では大聖人を赦免すべしという意見が高まっていきます。鎌倉では、まず刑罰を受けていた弟子たちが許されるという動きが出てきます。

葉庭　そして、大聖人御自身も鎌倉に凱旋《がいせん》されることになるのですね。当時、佐渡に流刑されることは死罪にも等しかったわけで、鎌倉の極悪坊主たちはもちろん、日本中の人々が「まさか」の結果に目を疑ったことでしょう。

矢島　**その「まさか」の大勝利を事実の上で示されたことで、大聖人は自らの正義を満天下に証明されたのです。**

葉庭　「四月八日に平左衛門尉に見参《けんざん》す」（同928ページ）。三月に赦免状が届くや、大聖人は電光石火で鎌倉に帰られ、四月八日に幕府の権力者を堂々と諫暁《かんぎょう》されています。大聖人を流刑した張本人たちも、大聖人の勝利の姿を前に、威儀を正して大聖人をお迎えしたようですね。

矢島　ともあれ、正義は勝ってこそ証明される。われわれもまた、この御本仏の大闘争と同じ方程式で、権力の魔性を打ち倒す決着をつけていこうじゃないか。異体同心の団結で、一丸となって、天を揺さぶるような祈りと対話で、民衆正義の証明をしていこう！

28 青年の力で連続勝利の大闘争を

政党や諸団体は時代の変化の中干からびイメージや人気取りに懸命です
しかし学会は微動だにしません。時とともに水かさを増しています
人間に焦点をあわせているからです
「人間革命」の運動を「一人一人」が「対話」で拡大しているからです
だからこそ世界中の学者や識者は学会を圧倒的に支持し期待し見つめているのです！
いやっ
テレるところじゃないから

誠実と真剣な対話こそ社会変革の確かな力！
世界的規模で広がる学会の「人間革命」運動

葉庭　圧倒的な民衆の大勝利で、創価学会は上げ潮に乗っています。

矢島　池田先生という大指導者を師匠と仰ぐ、幾百万の民衆が立ち上がり、天下に厳然と勝ち飾った大勝利です。絶対に負けない民衆の城を、先生が築き上げてくださった。どれほど偉大な指導者であられるか。

葉庭　友人たちも、学会を見つめる目を大きく変えています。時代の変化のなかで、政党にしても諸団体にしても、もうすっかり民衆の支持を失って、干からびてしまったところがいっぱいあります。

必死になって、パフォーマンスやらイメージやら、そんなことばかりを追いかけています。けれども、学会は時代がどう動こうと微動だにしません。潮が満ちるように、時とともに水かさを増しています。「創価学会はすごいね！」と、友人たちの視線も、「理解」から「尊敬」へと変わってきています。

矢島　ガンジーも指摘しています。偉大な運動というのは、「無関心」「嘲笑《ちょうしょう》」「非難」「抑圧」という段階を経て、最後は「尊敬」を勝ちとっていくのだ、と。ともあれ、全部、池田先生がいてくださったからです。

葉庭　どれほど偉大な師匠か。池田門下生であるということが、どれほどの福運であることか。しみじみと感じます。

矢島　魔の巣窟《そうくつ》になって奈落《ならく》の底《そこ》に転落した日顕宗はもとより、いずれの宗教団体も社会を変革していく力など、まったく見えない。幾百万の青年に希望と哲学を与え、立派に育てているのは学会だけじゃないか。

葉庭　「学会の青年は、本当にマジメで礼儀正しい。社会のために真剣に行動している。見ていて気持ちがいいね」という声を、地域の方々からもたくさんいただきました。

一人の人間革命が社会を変える

矢島　法華経が諸経の王と讃《たた》えられるのは、十界互具の法理を説いて、一切衆生が仏性を秘めた偉大な存在であることを、示しきっているからです。そして、創価学会の偉大さは、この思想を具体的な行動に展開してきたことだと僕は思う。

葉庭　それは、どういう行動ですか？

矢島　一つは「人間革命」という運動です。一人の人間における偉大な人間革命が、やがて社会を変え、全人類の宿命の転換をも可能にしていくということです。

葉庭　つまり、学会と出合った人々が、自分が幸福になることを目指すだけでなく、社会変革に立ち上がり、やがて世界に平和と人道の連帯を築いてきたことですね。

矢島　口で「誰にも仏性がある」と言うのは簡単です。ならば、その仏性をわが身に顕《あらわ》していかなければならない。現実の人生の上で、宿命転換の勝利の実証を示していかなければならない。

葉庭　幾百千万の勝利の実証こそ、学会が隆々と栄えてきた理由です。

矢島　しかも、その人間革命が社会の変革につながり、世界の命運さえ変えてきたのです。日中友好の金の橋も、大きな淵源《えんげん》となったのは、二万人の学生部員を前にした池田先生の講演でした。

葉庭　一九七〇年代、一触即発の危機にあった中ソの関係も、民衆のリーダーとして両国の首脳と対話された池田先生によって、大きく改善されていきました。
インド国立ガンジー記念館前館長のラダクリシュナン博士や、キング博士の母校・モアハウス大学キング国際チャペルのカーター所長らは、池田先生こそガンジー、キングが達成しようとしていた運動の継承者であり、それを世界的な規模で実現させてきた指導者であると、世界中に宣揚してくださっています。

相手を尊敬し誠実を貫く対話を

矢島　具体的行動の二つ目は、「対話」ということです。誰しもが仏性を持っていると言っても、現実に目の前の一人を尊敬し、そこに語り掛けることをしなければ空論です。

相手の仏性を信じるからこそ、どんな人にも対話をしていく。学会は、三代の会長が身をもって教えてくださったこの対話という方法で、世界に広宣流布してきたのです。

葉庭　僕たちのあらゆる活動も、同じように目の前の一人の友人を信じ尊敬するからこそ成り立つ対話の積み重ねです。

矢島　池田先生は、宿命に泣く一人の婦人にも、未来を見つめた一人の青年にも、人類の命運を握った一国のリーダーにも、常に誠実と真剣にあふれた「対話」を重ねてこられたのです。

葉庭　キリスト教文明の国でも、イスラム教文明の国でも、共産主義や社会主義の国でも、先生は一貫して「そこに人間がいるから行く」という大誠実で行動され、庶民とも指導者とも対話を重ねてこられました。

矢島　仏法という宗教が、あるいは思想が、これほど偉大な革命を現実世界にもたらすと、誰が想像しただろうか。思えば、二十世紀を代表する歴史家であったトインビー博士は、そこを鋭く洞察していたからこそ、池田先生との対談を熱望したのかもしれません。

葉庭　人類の精神的遺産であった仏法を、「人間革命」「対話」という具体的な民衆運動へと昇華させてきた――本当にすごいことですね。

矢島　だから、世界は学会を支持するのです。池田先生を圧倒的に顕彰するのです。「当世の習いそこないの学者ゆめにもしらざる法門なり」（御書1339ページ）とあるけれども、次元は違うけど、まさに〝習いそこないの者〟である、ちっぽけな島国の似非《えせ》インテリには想像すらできない、学会の偉大な足跡なのです。

葉庭　われわれの民衆勝利の金字塔を世界が見つめているわけですね。いよいよ勇気百倍です。さらに連続勝利の大闘争に挑戦していきます！

29 創価の前進が民衆勝利の証《あかし》

悪を暴き糾弾することが青年の使命
池田門下の活躍を世界は待っている！

矢島　勝利の要諦《ようてい》として、池田先生は「団結」ということを繰り返し教えてくださっています。

葉庭　織田信長の軍勢が、数の上では圧倒的に優っていた今川軍を正面から破った桶狭間の戦いの史実に触れられ、戸田先生の鋭い洞察を教えてくださいました。「どんなに多勢でも、団結がなければ戦には負ける。信長軍は少数であったが、『敵の大将を討つ！』という明確な目標に向かって団結したから勝ったのだ」と。

矢島　ここに、戦いの急所があると思う。団結ということは、戦いに臨む軍勢の一人ひとりが、明確な目標を共有することです。なんとしても「敵を討つ」という気概が、全軍にみなぎっていなければならない。

葉庭　先生は、「破邪顕正《はじゃけんせい》」ということについても、あくまでも「破邪」が先であると教えてくださっています。

矢島　日蓮大聖人も御書の中で、「願くは我が弟子等は師子王の子となりて群狐《ぐんこ》に笑わるる事なかれ、過去遠遠劫《かこおんのうごう》より已来《このかた》日蓮がごとく身命をすてて強敵《ごうてき》の科《とが》を顕《あらわ》せ」（1589ページ）と仰せです。広宣流布を阻む魔性の正体を暴き、民衆を惑わそうとする権力者の傲慢《ごうまん》な実態を、人々に語り切っていくことです。

葉庭　広宣流布とは、民衆を強く賢明にしていく仏の軍勢と、民衆を騙《だま》し利用していこうとする魔軍との、間断なき闘争ですね。

勇気の言論で

矢島　権力の魔性に魅入られた人間は、いつでも民衆の味方のような顔をしてやって来る。だからこそ勇気を出して「魔物ではないか！」と、その化けの皮を剝《は》がしていかねばならない。

葉庭　民衆を奴隷のようにしか考えない極悪の坊主たち。司法から断罪されてきたデマ週刊誌の実像。不祥事だらけのインチキ政党。他党の実績を平気で盗むハイエナ政党。どれもこれも、実態は民衆の敵じゃないですか！

矢島　私たちの戦いは、どこまでも一対一の言論戦に尽きます。しかし、「真剣勝負」と書いて字のごとく、刀を抜いての戦いと同じ覚悟で臨むべきです。ひとたび刀を抜いたならば、一刀両断に敵を倒さねばならない。何を言っているのかわからないような、腰の退《ひ》けたような言葉では敵は討てないのです。

葉庭　対話した相手が、「なるほど」と目を覚ますような、明快で鮮やかな、気迫のこもった言論でなければなりませんね。一撃で敵を倒すような、確信に満ちた勇気の言論が大切ですね。

矢島　大聖人は塚原問答で数百人の邪法の僧らを相手に戦われた御様子を「利剣《りけん》をもて・うり（瓜）をきり大風の草をなび（靡）かすが如し」（御書918ページ）と述懐《じゅっかい》されています。

葉庭　さすがに、最近では恥ずかしくて口にする人間も減ってはきましたが、いまだに選挙が近づくと「政教一致」云々というデマを吹聴《ふいちょう》する政党もあります。

矢島　これは、それこそ公明党が野党として誕生した一九六〇年代から今日に至るまで、歴代の内閣法制局長官が一貫して、「宗教団体の政党支援は何ら違憲ではない。当然、憲法の定める『政教分離』に反しない」と明快に答弁してきた。愚かな言いがかりは、国会の場で木《こ》っ端微塵《ぱみじん》にされてきたのです。

葉庭　それを承知で、まことしやかに「政教一致」などと口にする連中こそ、社会にデマをまき散らす民衆の敵です。

「仏子」とは「勝利者の子」

矢島　先生はまた、「仏子」という言葉についても、古代インドのパーリ語では「勝利者の子」という意義になることを紹介してくださった。「仏とは、『絶対に負けない』生命である。『断じて勝つ』存在である。そして仏は、その絶対勝利の力を、民衆に伝え譲りゆくのである」と。

葉庭　はい。僕もこのスピーチを拝読して、それまで受け止めていた「仏子」という言葉のイメージが一変しました。自分たちもまた、事実の上で連戦連勝を刻んでこられた常勝将軍の師匠から、その絶対勝利の力を譲り渡されようとしている「勝利者の子」なのだと思うと、ものすごい勇気が湧いてきました。

矢島　末法万年に続く広宣流布の歴史の中で、今という時がどれほど重要な時であるか。単なる勝利ではない。「師匠と心を合わせて、師匠の仰せどおりに戦って勝つ」ということが大切なのです。それを本とすれば、本末究竟《ほんまつくきょう》して、未来の池田門下もまた絶対勝利の軌道を進んでいくことができる。未来も、世界から信頼され希求《ききゅう》される創価学会を築いていくことができる。

葉庭　まさしく、若き日の先生が大阪の戦いで示された「まさかが実現」の勝ち戦の意義が、そのまま今日の、われわれ池田門下にも問われているわけですね。

矢島　過去の歴史を見ても、時代の転換点となるような大きな出来事は、意外とわずかな月日で完結していたりするものです。半日や一日の果敢な動きが、歴史を決めることもある。三世永遠にわが生命に絶対勝利の力を輝かせていくのだと決めて、断じて敵を討ち、創価の大勝利の舞台を開こうじゃないか！

30 池田門下生の模範の人生をつづろう

創価三代の思想を世界は求めている
師匠の偉大さを宣揚することが弟子の使命

葉庭　『聖教新聞』を購読するようになった友人が驚いていました。――世界がどれほど池田先生を尊敬し、重要視しているかを初めて知った。現代世界でこれほど求められている指導者は、ほかに見あたらないのではないか、と。

矢島　本当にそのとおりだ。しかも、先生を顕彰する国々は、世界の全域に広がっています。先進の欧米諸国、アフリカの若い国々、旧ソ連邦の諸国、中国・韓国はじめ日本の軍国主義に苦しめられたアジアの国々、イスラム諸国、太平洋の国々、さらに中南米諸国……。

葉庭　先生と友情を深め、その思想と行動を顕彰する団体も、教育・哲学・芸術・文化・平和・自治体と、じつに多分野にわたっています。名誉市民の称号も学術称号の受賞も人類史に例のない圧倒的な数を今も更新中です。

矢島　先生は、どの国に対しても誠実に信義を貫いてこられた。どこまでも「民衆の幸福」を根本にされ、対話の橋を架け、青年に教育の風を送り、民衆と民衆の相互理解の波を起こしてこられた。二十年、三十年とたった時に、先生の開かれた道がどれほど偉大であったか、世界の心ある指導者たちは驚嘆しています。

葉庭　ハーバード大学での二回を含め、フランス学士院など世界の最高峰の英知の殿堂で三十二回の講演をされています。また、世界の大学・学術機関には池田大作研究所が続々と開設されています。こんなにも世界に影響を与えている日本人は、ほかにいません。

矢島　民間人でありながら、日本の国益にとってもどれほど貢献をされてきたか。のみならず、先生はかつてのソ連と中国、アメリカと中ソ、アメリカとキューバといった深刻な国際情勢の改善にも、大きな役割を果たしてこられた。

「池田思想」は普遍的な英知

葉庭　日本人は、そういう歴史の真実をあまりにも知らなさすぎます。だから、世界がこれほど池田先生を評価し顕彰することにさえ、ポカンとしているのでしょう。

矢島　トインビー対談も「人類の教科書」と評されて、各国の首脳や国連のリーダーたち、世界的大学のトップの人々は競うように読んでいる。いったい、日本の政治家や学者たちの何人が、読んでいるというのか。情けないかぎりです。哲学も思想もない。だから、師となる人物を求めようとしない。世界がなぜ池田先生を求めてやまないのか、さっぱり理解ができない。

葉庭　「当世の学者等・勝劣を弁《わきま》うべしや」（御書２２２ページ）、「当世の習いそこないの学者ゆめにもしらざる」（同１３３９ページ）と、日蓮大聖人が喝破《かっぱ》されているとおりですね。

矢島　大聖人は御書の随所で「法華経の行者」と名乗られ、門下に対しても師と同じ心で戦い抜くことを教えられています。南条時光のお父さんに対して「日本第一の法華経の行者・日蓮房の弟子なりとなのらせ給へ」（１４９８ページ）とも仰せだ。広宣流布とは、一次元から言えば、「法華経の行者」の正義を世界に宣揚していく戦いです。宗教のために人間があるのではない。偉大な人間を創造していくための宗教です。だからこそ、その目指すべき人間像としての「法華経の精神性を実践している人」を正しく世界に知らしめていかねばならない。

葉庭　世界の最高峰の知性やリーダーたちは、池田先生という人間の思想と行動に触れて、そこから仏法の深遠さと可能性に目覚めています。むしろ、これまで認識していた仏法の枠を超えて、「池田思想」とも言うべき普遍的な英知として真剣に学び始めています。

矢島　ここに学会の偉大さがあるのです。どんなに美しい言葉や高邁《こうまい》な理想で飾り立てても、現実の人間に結実しない思想や宗教は、万人を幸福にすることはできない。邪教の最たる日顕宗などがいい例だ。大聖人の仏法をもてあそんでも、誰も「日顕のように生きよう」などとは思わない。本人だって、「私のように戦え」とは口が裂けても言えない。

葉庭　広宣流布など考えたこともなく、信心のカケラもない。欲にまみれ、一族の遊蕩《ゆうとう》にしか興味がなく、嫉妬《しっと》と破壊以外に能がないことは、自分が一番身に染みてわかっているはずです。

師のために勝つ

矢島　学会の最大の強さは、牧口先生・戸田先生・池田先生という三代の師弟が「法華経の行者」として現代社会に燦然《さんぜん》たる人間像を残してくださったことです。

それも、仏法という枠《わく》にとどまらない、世界の誰からも模範となりうる普遍的な価値を刻んでくださった。

葉庭　五百を超す名誉市民の称号は、その象徴ですね。今や、ガンジー主義の指導者や、キング博士の後継者が池田先生を「師匠」と公言してはばかりません。中国の学術界の重鎮が「人類の教師」と先生を讃《たた》えています。進行中のものを含め五十冊に及ぶ対談集を先生と編んだ相手も、現代史に足跡を残す人物ばかりです。

矢島　大聖人は「誰をか当世の法華経の行者として仏語を実語とせん」「法華経の行者は誰なるらむ、求めて師とすべし」（御書２３０ページ）と仰せです。池田先生と共に広宣流布に戦える一日一日が、どれほど価値あるものであるか。この師匠の正義を満天下に証明し、師匠の偉大さを世界に宣揚していくことこそ、われわれ弟子の使命なのです。

葉庭　まず、自分自身が心から師匠を思い、師匠の勝利と平安を祈り、師匠のために戦い、師匠のために勝ち飾れる人間に成長していきます。

矢島　「未来までの・もの（物）がたり（語）なに事か・これにすぎ候べき」（同1086ページ）です。末法万年の人類のために、池田門下生の模範の生き方を、私たち一人ひとりがつづっていくのです。後世の人々は、先生を仰ぎ見て、同時にその先生と共に戦った弟子たちの姿を知ろうとするでしょう。歴史を創《つく》ろう！　戦おうじゃないか！

本書は『創価新報』に連載された「花の三丁目地区　なるほどトーク」
（二〇〇五年二月二日付～二〇〇七年七月四日付）に一部加筆したものです。

花《はな》の三丁目《さんちょうめ》地区《ちく》 **矢島本部長《やじまほんぶちょう》のなるほどトーク**

2007年10月5日 初版第1刷発行

編 者 創価学会男子部教学室・編／まっと ふくしま・画
発行者 大島光明
発行所 株式会社 第三文明社
東京都新宿区新宿 1-23-5 郵便番号 160-0022
電話番号 編集代表 03（5269）7154
営業代表 03（5269）7145
振替口座 00150-3-117823
URL http://www.daisanbunmei.co.jp
印 刷 明和印刷株式会社
製 本 株式会社 星共社

ISBN978-4-476-06203-8